DEMONIOS Y NIHILISTAS

EL DOSTOYEVSKI POLÍTICO

Costas Despiniadis

Traducción de Juan Merino

Editan:

FAL delegación de Aranjuez
www.cnt-aranjuez.org
calle Jesús Lizano, 12, 28300 Aranjuez

El Garage
www.elgarageediciones.com
calle Cacereños, 54 - local 4, 28021 Madrid

Piedra Papel Libros
www.piedrapapellibros.com

Calùmnia
https://calumnia-edicions.net

Volapük Ediciones
volapukediciones@gmail.com
apartado de correos 186 - 19080 Guadalajara

1ª edición en castellano, diciembre 2025

Traducción: Juan Merino
Diseño de cubierta: Pablonom
Maquetación: Denis Illionnet

ISBN: 978-84-129699-6-2
Depósito legal: PM-00500-2025

Las obras de arte son grandes
solo en la medida
en que revelan lo que oculta la ideología.
Trascienden, lo quieran o no,
la falsa conciencia.

Theodor Adorno

Huelga decir que la poética no debe separarse
de los análisis sociohistóricos,
pero al mismo tiempo
tampoco debe perderse en ellos.

Mijaíl Bajtín

Prólogo
a la edición española

Si consideramos el volumen de literatura secundaria que tenemos sobre Fiódor Dostoyevski, a primera vista puede parecer superfluo un libro más sobre el gran novelista ruso, uno de los escritores más leídos y comentados de los últimos ciento cincuenta años.

Además, su capacidad única para cautivar incluso al lector más elemental –no hay que olvidar que la mayoría de sus libros se publicaban en un principio por entregas en revistas de circulación relativamente masiva en Rusia– puede llevar a uno a concluir que ni siquiera necesita comentarios o análisis de sus libros.

Sin embargo, como cualquier gran escritor, Dostoyevski tiene múltiples facetas. Si dejamos de lado el primer nivel de comprensión lectora, que concierne a la trama de cada libro, hay en su escritura muchas «corrientes subterráneas», multitud de «capas geológicas», datos históricos y factuales, corrientes filosóficas y políticas, debates ideológicos de la época, observaciones psicológicas y cuestiones religiosas que se mezclan hábilmente en el horno de su genio literario y que son de todo menos fáciles de descodificar.

Por tanto, desde esta perspectiva, creo que un libro como el que el lector tiene entre manos tiene mucho que ofrecer, ya que al centrarse en *Los demonios*, reflexiona sobre la compleja cuestión del Dostoyevski «político» y sobre los presupuestos para que los lectores puedan comprender el contexto histórico en el que se desarrolla la novela: las personas reales que inspiraron al autor para modelar sus personajes, las querellas políticas de la época, la relación del propio autor con la cuestión de la política y de las ideas revolucionarias y, en última instancia, el complejo mundo de ideas a través de las cuales se crea la novela.

Por lo tanto es para mí una gran alegría que, gracias a mi infatigable amigo y compañero Juan Merino, esté ya disponible en español otro libro mío, después de *Franz Kafka. El anatomista del poder* y *Prometeo contra el Leviatán*. También debo agradecimiento a los editores que han asumido la publicación con diligencia, procediendo a una cooperación editorial que me honra y me congratula.

Espero que los lectores de habla hispana encuentren algo útil en esta obra mía. La felicidad de crearla ha sido proporcional a la admiración que he sentido ante la genialidad literaria de Fiódor Dostoievski.

Costas Despiniadis

Prólogo

No es fácil hablar de Dostoyevski, incluso aun adorando su obra y habiéndola estudiado, como yo, durante muchos años. El universo de Dostoyevski, extenso y pluridimensional, es por unanimidad una de las obras literarias más importantes de todos los tiempos, si no la más importante.

En el presente estudio no me ocupo de toda la obra de Dostoyevski, sino que me limito a algo menos ambicioso, pero más concreto y, por tanto, quiero creer, fecundo. Examino un tema bastante complejo y muy debatido, el Dostoyevski político, centrándome principalmente en su obra *Los demonios*.

Confieso que probablemente no me habría aventurado a tal cosa, si no hubiera aceptado previamente la invitación del DIPKE (Instituto Interdisciplinario de Investigaciones Medioambientales y Sociales) para una serie de seminarios sobre el tema de la literatura. Mi libro se basa en el material de dos seminarios de dos horas que impartí en 2021 en el DIPKE, en el marco de un ciclo más amplio de catorce seminarios de dos horas sobre "Literatura y (contra)poder" que tuvieron lugar en 2019-2021.

Si bien un seminario se organiza sobre la base de las 'necesidades didácticas' que obviamente se derivan de él y esa intención original queda en el escrito final, durante la redacción he reelaborado de nuevo todo el material, he adaptado las exigencias y presupuestos del discurso oral y escrito, lo he actualizado bibliográficamente, he agregado detalles que sería difícil que siguiese un oyente, pero, en determinadas cuestiones menores, también yo mismo he abordado facetas del caótico mundo de Dostoyevski desde una perspectiva nueva.

Ciertamente en teoría los lectores de este libro tendrían que haber leído al menos *Los demonios*, pero he intentado escribir el libro de modo que incluso el lector no iniciado pueda seguir el hilo en algún momento para adentrarse, aunque sea por primera vez, en la obra del gran escritor ruso.

Tal vez sería superfluo señalar aquí que ningún estudio puede suplir el roce con el texto propiamente dicho y que los análisis, por fecundos o útiles que sean, en ningún caso pretenden reemplazar el placer estético que se deriva de la lectura de la literatura. Nunca hay que olvidar que cualquier obra literaria es ante todo una obra de arte y como tal debemos leerla. Las obras de Dostoyevski en particular, publicadas a menudo por entregas en revistas de difusión masiva de la época, están escritas de manera que, de un modo u otro, permiten múltiples lecturas. En un primer nivel, cualquiera que sepa leer puede entenderlas y quedar fascinado por ellas. De ahí en adelante, se solapan múltiples estratos y sustratos de ideas, acontecimientos históricos, referencias filosóficas y políticas que necesitan un estudio más específico y requieren aclaraciones sin las cuales es imposible que el 'lector común y corriente' controle todos esos detalles. Por lo tanto, si el presente trabajo ayuda a los lectores en este sentido, habrá cumplido su propósito.

Una observación necesaria para evitar malentendidos es que, aunque aquí nos ocupamos de la dimensión política de Dostoyevski, obviamente todas sus obras, incluida *Los demonios*, abarcan muchas más cosas, como por ejemplo (casi siempre) el tema del amor, pero no solo ese. Este inmenso anatomista del alma humana no podría en modo alguno caber en tan estrecho molde (aunque él mismo rechazaba, mediante una paradoja, el título de 'psicólogo', cuando decía: "Me llaman psicólogo; pero no es verdad. Soy simplemente un realista en el sentido más elevado, es decir, retrato las profundidades del alma humana").

La bibliografía sobre Dostoyevski es inmensa y se enriquece constantemente. Cito específicamente todos los libros que he utilizado de alguna manera en el espacio bibliográfico correspondiente, pero debo hacer mención especial de tres libros importantes que han sido de valiosa ayuda para mi propósito. *Los problemas de la poética de Dostoyevski*, de Mijaíl Bajtín; el libro de Maximilian Braun; *Dostojewski. Das Gesamtwerk als Vielfalt und Einheit* [Dostoyevski. Su vida a través de la obra]; así como su biografía más completa, de Leonid Grossman, *Dostoevsky: a Biography* (sin estar de acuerdo necesariamente con todas las conclusiones de los dos últimos). Del libro de Bajtín en particular, sin duda una obra de importancia colosal en los estudios dostoyevskianos, debo decir que considero que, sin él, cualquier tentativa de leer y comprender a Dostoyevski queda necesariamente incompleta.

Para terminar, sería una negligencia no dar las gracias a los responsables del DIPKE y a Vanguelis Perrakis por la oportunidad que me brindaron de llevar a cabo la serie de seminarios de los que surgió el libro, así como a cuantos asistieron a los seminarios y con sus eventuales preguntas me echaron una mano para formular con mayor claridad mis puntos de vista sobre Dostoyevski.

DEMONIOS Y NIHILISTAS
EL DOSTOYEVSKI POLÍTICO

La vorágine humana

Cuando Dostoyevski apareció en la literatura rusa apenas a la edad de veinticuatro años con la publicación de *Pobre gente*, fue inmediatamente aclamado como el niño prodigio de las letras rusas. Hay un episodio, propio del temperamento ruso, que marcó su ingreso en la literatura. El joven Dostoyevski enseñó el manuscrito inédito de *Pobre gente* a su amigo y también escritor Grigórovich, con quien compartía casa en ese momento. Este le instó a que se lo llevara a Nekrásov, que entonces editaba una de las revistas literarias más famosas. Nekrásov lo leyó y acudió de madrugada entusiasmado a casa de Dostoyevski para felicitarlo, lo abrazó y se deshicieron en lágrimas en un encuentro que duró hasta la mañana. Como era natural, años después, Dostoyevski recordaba vívidamente el encuentro con Nekrásov. En 1871 escribe: "Llegaron a mi casa hacia la una y media de la madrugada, a la una y media y sabe Dios cuánto tiempo estuvimos charlando y entendiendo lo que el otro quería decir antes de terminar siquiera la frase, gritando, apresuradamente. Hablábamos de poesía, de la verdad, de la 'situación de entonces', se entiende,… y de Gógol, citando pasajes enteros de *El inspector* y *Almas muertas*, pero, sobre todo, hablamos de Belinski: "Hoy le llevaré su novela. Ahora usted váyase a dormir, nosotros nos iremos y volveremos mañana"[1].

---

1. GROSSMAN 2010: 79.

De hecho Nekrásov fue a continuación ante Belinski, estrecho colaborador de la revista, y le dijo: "¡Ha nacido un nuevo Gógol!". Belinski, conocido por sus estrictos criterios literarios, se mostró receloso ante la tendencia habitual de la crítica a elogiar desmesuradamente a los escritores jóvenes: "En vuestra tierra crecen Gógoles como setas", respondió. Pero Nekrásov insistió, Belinski leyó el manuscrito y a los pocos días, por mediación de Nekrásov, Dostoyevski se reunió con Belinski en casa de este último: "¿No sé si usted mismo se da cuenta de lo que aquí ha creado?", le dijo Belinski[2]. Dostoyevski recordaba más tarde ese día como el más importante de su vida: "Viví entonces un momento de triunfo, en mi vida hubo un punto de inflexión que ha durado para siempre, algo nuevo comenzó, algo que no podía soñar ni en mis sueños más locos"[3].

Acababa de nacer el Dostoyevski escritor y había recibido el reconocimiento más estruendoso del terror de la crítica literaria, de Belinski. Resumiendo la producción literaria de 1845, Belinski dice que *Pobre gente*, esa obra de un joven de veinticuatro años, ocupa merecidamente el primer lugar entre las obras literarias que aparecieron ese año: "A primera vista parece que el talento del señor Dostoyevski no es satírico ni descriptivo, sino creativo en grado sumo y que el carácter dominante de su talento es el humor. No sorprende con ese conocimiento de la vida y del corazón que se adquiere con la experiencia y la observación: no, por supuesto que eso lo conoce, y además profundamente, pero lo conoce *a priori*, por lo tanto de una manera puramente poética, creativa. Su consciencia es talento, inspiración. No quere-

---

2. El suceso se describe con ligeras variaciones en varias biografías de Dostoyevski, a modo de ejemplo: GROSSMAN 2010: 77-84 y ZWEIG 2013: 60. Nekrásov ha conservado su propio recuerdo del encuentro Dostoyevski-Belinski en su relato "El corazón de piedra".

3. GROSSMAN 2010: 83-84.

mos compararlo con nadie, [...] solo diremos que se trata de un talento inusual y peculiar que ya con su primera obra, sin más, se ha destacado súbitamente entre toda la multitud de escritores nuestros, que más o menos le deben a Gógol la dirección y el carácter y, por tanto, el éxito de su talento"[4].

Por lo tanto, Belinski se encargó de presentar a Dostoyevski al público ruso y fue el primero en hablar de su valía. En *Pobre gente* vio el mejor ejemplo de la literatura que él mismo había soñado como crítico. Para Belinski "el arte sin ideas es como un ser humano sin alma: un cadáver"[5]. Veía la literatura realista como una condición necesaria para un cambio social más amplio en Rusia y en su entorno quería encontrar y alentar cualquier señal de ese tipo. Estaba convencido de que la nueva literatura rusa "no debe ser ni clásica ni romántica, sino moderna: [...] fiel a la vida misma. Al mismo tiempo, esa literatura, inspirada en ideas de contenido social, se ha convertido en su principal preocupación"[6]. Con *Pobre gente* Belinski vio en la persona de Dostoyevski al representante ideal de la nueva corriente, alguien que seguiría el camino de Gógol, pero sería aún mejor.

Pero Fiódor Mijáilovich Dostoyevski fue mucho más de lo que el gran crítico vislumbró en él. Su mundo ideológico y mental era un volcán que difícilmente podía avenirse con la visión ordenada y nítida de Belinski. Así, tras la publicación de su segunda novela, *El doble*, el entusiasmo inicial de Belinski se disipa. En su evaluación de la producción literaria de los años 1846-1847, al hablar de la segunda obra de Dostoyevski, *El doble*, así como de sus relatos "La patrona" y "El señor Projarchin", Belinski parece decepcionado, puesto que el escritor abandona

---

4. BELINSKI 1988: 143.

5. BELINSKI 1958: 97.

6. MIRSKY 1977: 141-142.

su orientación social para consumirse en observaciones psicológicas y autocomplacencia, sobre todo porque percibe algo 'antinatural' en esas obras. Por otra parte, en *El doble*, aun reconociendo la originalidad de la concepción, distingue la "terrible incapacidad del escritor para imponerse sobre su desbordante potencia y dominarla"[7] y considera su componente 'imaginario' como un defecto: "Hoy el componente imaginario pertenece a la jurisdicción de los manicomios y no de la literatura, al ámbito médico y no al poético"[8]. Respecto a los relatos de Dostoyevski, su dictamen es aún más negativo: si no llevaran la firma de Dostoyevski, dice, ni siquiera valdría la pena comentarlos, los brillantes destellos del gran talento se precipitan en una oscuridad tan profunda que el lector no entiende nada; los relatos no son fruto de una inspiración y de una creación espontánea, sino de cierto propósito calculador y de un estado de ánimo fatuo, con el propósito del autor de hacerse el inteligente, mientras que en otro lugar señala que en todo el cuento no hay una sola palabra, ni una sola expresión sencilla y vivaz, todo es precipitado, camina afectadamente sobre zancos[9]... El martilleo de Belinski no tenía fin y selló la ruptura definitiva entre ambos, con gran pesar de Dostoyevski.

En este libro intentaremos hablar del universo ideológico de Dostoyevski centrándonos en *Los demonios*. Hablar de ese universo ideológico no es nada sencillo, especialmente porque todo en la vida de este genial escritor era tormentoso y adquiría proporciones extremas. Para Dostoyevski la fuente de toda conciencia es el dolor, esa bestia que conduce al conocimiento más rápidamente que cualquier otra, como decía Eckhart, el filósofo

---

7. BELINSKI 1958: 217.

8. BELINSKI 1958: 218.

9. BELINSKI 1958: 219, 220 y 222.

místico del siglo XIII. Según el propio Dostoyevski, la historia que más marcó su infancia fue tal vez el *Libro de Job*, que leyó de niño en la Biblia: "Leo el *Libro de Job* y me provoca un éxtasis tremendo. Dejo de leer y camino de un lado a otro de la habitación casi llorando... Este libro es extraño porque es uno de los primeros que me impresionaron en mi vida, cuando aún era un niño"[10]. Años después, siendo ya él un escritor maduro, dio un consejo al respecto a un joven que le había mostrado sus manuscritos: "Joven, tiene que estar sufriendo". Dostoyevski creía que el ser humano puede alcanzar un grado superior de conciencia solamente a través del dolor. Por tanto, esa bestia, el dolor, marca todos los aspectos del universo intelectual y literario de Dostoyevski y también de su vida. Los sucesos desagradables de su vida no fueron pocos: la muerte de su madre a una edad temprana, el asesinato del padre, la muerte de su primera esposa, la muerte de la hija única y de su hijo, la muerte de su querido hermano Mijaíl. En los años posteriores, Dostoyevski llega al límite del enaltecimiento masoquista del dolor cuando, por ejemplo, el personaje de *Memorias del subsuelo* dice que incluso un dolor de muelas puede ser fuente de placer.

Consecuencia de todo esto son quizá todos los elementos que hacen tan atractiva su escritura: personajes marginales, tormentas emocionales, personajes febriles, amores torrenciales, su humanismo sacrificado y desesperado, su profunda autodestructividad, su turbulento mundo mental, todo lo que le concierne rebasa la medida humana habitual. En consecuencia, ocurrió lo mismo con sus ideas. El mundo de Dostoyevski es una vorágine que arrastra al lector sin importar desde qué óptica vea él el mundo.

No es exagerado decir que el escritor Dostoyevski gusta a personas de todo el espectro ideológico y político, ateos y cris-

---

10. GROSSMAN 2010: 24.

tianos, progresistas y conservadores, reaccionarios y revolucionarios y es invocado por todos ellos[11].

Juventud. Militancia socialista. Condena.

En la década de 1840 desarrolla su actividad en Rusia un pequeño grupo de debate político y filosófico que pasó a la historia con el nombre de su fundador y alentador: círculo o movimiento Petrashevski. Este círculo era una agrupación informal de personas, sin miembros específicos, que –influidos principalmente por las ideas de Fourier y del socialismo utópico– discutían de diversas cuestiones políticas y sociales con un espíritu radical. Sin embargo, no era un grupo cerrado de conspiradores. En el círculo se habían infiltrado elementos de la policía zarista y las autoridades detuvieron a sus miembros bajo la acusación de que preparaban un derrocamiento revolucionario. En sus defensas los integrantes del grupo ciertamente intentaron restar importancia a su actividad y eso contribuyó a que durante muchos años se considerase que el círculo de Petrashevski era una inofensiva tertulia de debate. Sin embargo, las investigaciones históricas modernas cuestionan este hecho y más bien convergen en que la actividad del grupo –que por supuesto se mantuvo solo en el nivel del debate– puede no haber sido tan peligrosa como las autoridades la presentaron, pero tampoco tan inofensiva como intentaron mostrarla los miembros detenidos, ya que, entre otras cosas, discutían sobre la perspectiva de una insu-

---

11. Es significativo que incluso pensadores procedentes de tradiciones teóricas aledañas valorasen su obra de manera diametralmente opuesta. Benjamin, por ejemplo, en su ensayo sobre el surrealismo, califica a Dostoyevski como uno de los espíritus más revolucionarios de Europa, mientras que el eminente crítico literario de la Escuela de Frankfurt, Leo Löwenthal, lo valora negativamente.

rrección armada y del asesinato del zar y está confirmado que habían montado una imprenta clandestina para imprimir textos radicales esquivando la censura. Seguramente todo esto no sería más que una nota a pie de página en la turbulenta historia prerrevolucionaria de Rusia, si en 1846 no se hubiese incorporado a ese grupo Fiódor Dostoyevski, a la edad de 25 años y poco después de publicar su primer libro.

Por las pruebas que se han conservado sabemos que Dostoyevski dio tres conferencias en el marco de las reuniones del círculo de Petrashevski, principalmente sobre temas literarios más que políticos. Dos versaban manifiestamente sobre la cuestión de la literatura y Dostoyevski defendió la actividad artística independiente frente a la visión, promovida entonces por Belinski, de un arte 'didáctico' que tiene que resaltar las cuestiones sociales. En la tercera conferencia habló sobre la personalidad del ser humano y el egoísmo, comentando el libro *El único y su propiedad*, del anarquista individualista Max Stirner[12], del que había una copia en la biblioteca de Petrashevski. El libro se había editado en alemán recientemente, en 1845, y, según testimonios de personas del círculo de Petrashevski, había provocado debates intensos entre los miembros del grupo[13]. Su cuarta contribución pública al círculo de estos radicales, que iba a ser decisiva, fue leer la carta de Belinski a Gógol, escrita en el exilio y que había sido publicada clandestinamente en Rusia. En esa carta, Belinski acusaba al gran escritor ruso de retirarse de sus antiguas posiciones y de reconciliarse con el poder zarista y la Iglesia ortodoxa[14].

---

12. Stirner, M., *El único y su propiedad*, trad. P. González Blanco, Juan Pablos Editor, 1976.

13. GROSSMAN 2010: 143.

14. BELINSKI 2010.

Por tanto, pocos meses después de su detención el 22 de diciembre de 1849, Dostoyevski se encontró junto con el núcleo duro del círculo de Petrashevski en una plaza de San Petersburgo esperando su fusilamiento público, cuando minutos antes de que comenzaran las ejecuciones, por orden personal del zar, en un alarde teatral de magnanimidad, los condenados fueron indultados y su pena conmutada por la deportación a los dispersos campos de trabajos forzados del absolutismo zarista. Dostoyevski describió más tarde de manera incomparable su psicograma personal de aquellos momentos traumáticos (es revelador que un compañero de prisión sufriese tal conmoción durante el simulacro de ejecución que perdió la cordura para siempre), así como el anuncio del perdón otorgado por el zar a los detenidos y la conmutación de las penas. En una carta a su hermano escribe: "Hoy durante tres cuartos de hora he sido alguien que estaba muriendo, he vivido este pensamiento, he experimentado el último momento y ahora estoy viviendo ya por segunda vez"[15].

Para Dostoyevski la sentencia condenatoria pedía cuatro años de trabajos forzados en Siberia, seguidos de servicio militar obligatorio por un período de tiempo no especificado. El niño prodigio de la literatura rusa pasó del epicentro del panorama literario al campo de trabajos forzados, concretamente a la cárcel de Omsk, durante cuatro años, habiendo pasado previamente unos meses en la terrible prisión de Petropavlóvsk, tras lo cual inició el servicio militar obligatorio. Su castigo terminó diez años después —en el ínterin el zar Nicolás I había muerto— y Dostoyevski podía al fin regresar a San Petersburgo.

Todo esto se ha descrito pormenorizadamente en sus numerosas biografías, por supuesto, y no hay razón para entrar en

---

15. BRAUN 2009: 110. Dostoyevski también ha descrito sus emociones ante el pelotón de ejecución incorporadas en contextos ficticios en *El idiota*.

detalles. Aquí nos interesa cómo estos hechos influyeron en su formación intelectual, ideológica y artística.

En primer lugar, es importante ver cómo se defendió él mismo ante el tribunal. Se defendió con dignidad, no renegó de sus ideas ni de su interés por el socialismo utópico de Fourier ni del hecho de que en la realidad rusa había elementos que había que cambiar. Aunque estaba en juego su propia vida, puesto que corría peligro de ser condenado a muerte, se negó a incriminar con su confesión a ninguno de los demás acusados y además declaró a las autoridades instructoras que "el fourierismo es un sistema universal, cautiva el alma con su sutileza, anima el corazón con ese amor por la humanidad que inspiró a Fourier cuando lo creó y sorprende a la mente con su rigor. No te cautiva con duros ataques, sino inspirando amor por la humanidad. En este sistema el odio no tiene lugar. El fourierismo no requiere reformas políticas, la reforma que propone es de carácter económico. No ataca ni al gobierno ni a la propiedad"[16]. Al evaluar su actitud ante las autoridades años después, en 1854, él mismo escribió: "Me presenté ante el tribunal honestamente, sin depositar mi propia responsabilidad en otros e incluso sacrifiqué mi interés, comprendiendo que con mi propia confesión serían favorecidos los demás"[17].

También se presentaba, en líneas generales, como una persona espiritual interesada en el bien de la humanidad y afirmaba que lo que le atraía del círculo de Petrashevski era la rica biblioteca que allí encontró. De hecho, en una época de severa censura, la biblioteca de Petrashevski tenía, entre otros, libros de Fourier, Saint-Simon, Consideran, Cabet, Louis Blanc, Proudhon, Voltaire, Rousseau, Diderot, George Sand, Feuerbach, Robert Owen,

---

16. GROSSMAN 2010: 129-130.
17. Según cita en GROSSMAN 2010: 170.

Karl Marx, etc. Claro que no podía negar lo que la policía ya sabía por sus informantes –que había leído determinados textos en las reuniones del grupo–, pero restó importancia al hecho diciendo que lo habían elegido simplemente porque era un buen lector. La verdad es que por los datos de que disponemos ya es seguro que dentro del grupo se habían formado dos tendencias. Una más radical, que fijó como objetivo último –al menos de palabra– incluso el derrocamiento del zarismo; y otra más moderada, a la que pertenecía Dostoyevski, que consideraba que el grupo debía realizar principalmente una labor reveladora y propagar la idea de la libertad. Dostoyevski sabe, de primera mano, que todo escritor está existencialmente desarmado y que solo dispone de un 'arma', que es la escritura, la palabra. Independientemente de los pormenores de su detención y condena, es importante tener en cuenta que luego, incluso en sus conversaciones privadas, admitía que su sentencia era justa y nunca se señaló como víctima de la justicia.

Es fácil comprender que para quien, como hemos visto, plantea el dolor como fuerza motriz de la formación del ser humano, la experiencia en el campo de trabajos forzados fue determinante. Las condiciones inimaginablemente inhumanas impuestas entonces en las cárceles y en los campos de trabajos forzados de la Rusia zarista que, entre otras cosas, dieron como resultado que allí apareciesen sus primeras crisis epilépticas, paradójicamente no acabaron con Dostoyevski. Con el mismo estoicismo afrontó, por otra parte, todos los golpes que le deparaba la vida.

El hecho crucial que aquí nos interesa es que, cuando regresó del campo de trabajos forzados, sus familiares hablaban de una persona llena de vida y energía, con planes de futuro.

Datos de un viraje ideológico

Según él mismo admitió, los tipos humanos que conoció en el campo de trabajos forzados fueron un material excelente para sus libros posteriores: "Cuántos tipos y personajes me llevé del campo de trabajos forzados. Cuántas historias de ladrones y estafadores y, en general, cuánta miseria y horror de la vida cotidiana. Puedo escribir volúmenes enteros con ellos"[18]. Toda esa multitud de delincuentes y personas que viven en condiciones de degradación moral que encontramos en sus novelas debe ser rebuscado en gran medida en su experiencia del campo de trabajos forzados. Hay que escudriñar en su obra la presencia constante de crímenes y de personalidades criminales en convivencia con malhechores crueles, con 'monstruos humanos' que no manfiestaban ni atisbo de arrepentimiento pese a haber cometido los actos más atroces. En *El idiota*, en *Crimen y castigo*, en *Los hermanos Karamázov*, en *Los demonios*, en las páginas de casi todas sus grandes obras encontramos crímenes. Su reflexión constante sobre el bien y el mal, lo moral y lo inmoral, repetida persistentemente en todos sus libros, tiene sin duda sus raíces en aquellos años.

Pero, para el tema que nos interesa aquí, es aún más importante el hecho de que su viraje ideológico tuvo lugar en el campo de trabajos forzados. En la carta a su hermano, de la que hemos citado antes un fragmento, discernimos fácilmente un motivo cristiano: el de la muerte y la 'resurrección' de un ser humano. Sin duda, la actitud orgullosa de Dostoyevski le daba satisfacción personal: haber resistido una prueba extrema; sin embargo, en el campo de trabajos forzados claramente se llevó a cabo un viraje en su mundo ideológico y espiritual y

---

18. GROSSMAN 2010: 212.

en circunstancias de un severo confinamiento –en el que, por cierto, el único libro disponible eran las Sagradas Escrituras–, Dostoyevski revisa sus opiniones acerca de Dios. La sincera fe cristiana de los condenados desempeñó ciertamente un papel en su propio cristianismo. Sin embargo, aunque no sea este nuestro tema, ¿vale la pena retener en lo más recóndito de nuestra mente la cuestión de qué clase de cristiano era? Él mismo decía que su fe en Cristo pasó por una *duda* abrasadora. Fe y duda son conceptos que se socavan mutuamente y ninguna conciencia sale ilesa de esa piedra de toque. Dostoyevski era cristiano, sin duda; además, él mismo afirmaba que una de las razones de su ruptura con Belinski era que lo estaba empujando hacia el ateísmo, pero no hay duda de que el capítulo "El gran inquisidor" de *Los hermanos Karamázov* es uno de los textos más intensamente cristianos y, al mismo tiempo, antieclesiásticos que se han escrito. Según él, el cristianismo es una *necesidad,* de acuerdo con su famosa frase "Si no hay Dios, todo está permitido". Pero tal cosa nos advierte de que su cristianismo fue más una *elección* que una inclinación espiritual sincera e incondicional.

En términos puramente políticos, también es cierto que Dostoyevski renegó de sus ideas socialistas radicales en la prisión. En otra carta a su hermano, el 22 de febrero de 1849, escribe: "Ojalá recordemos alguna vez... nuestra juventud y nuestras esperanzas, que en este momento estoy arrancando de mi corazón con sangre para enterrarlas"[19].

El trato con gente corriente lo enfrentó cara a cara con otra realidad: qué apartados del pueblo estaban los estratos de rusos cultos. Su convivencia con los condenados, personas que en su mayoría provenían de las clases sociales más bajas, le ayudó a verificar ese abismo entre la 'gente sencilla' por un lado y los in-

---

19. GROSSMAN 2010: 214.

telectuales y las clases sociales altas por el otro. Esa realidad lo puso frente a otra confirmación igualmente importante: las ideas socialistas ahora le parecen 'ajenas' al pueblo ruso, foráneas e incompatibles con el temperamento ruso y, si le interesa el cambio social, tendrá que renunciar a las ideas socialistas y dirigir la mirada a otra cosa. "He vuelto a revisar toda mi vida pasada solo espiritualmente, he examinado hasta el más mínimo detalle, he pensado detenidamente en mi pasado, me he juzgado sin piedad y con severidad e incluso en ciertos momentos he dado gracias al destino por haberme concedido esa soledad sin la cual no podría hacer este juicio de mí mismo ni la revisión de mi vida anterior"[20]. Es evidente que su experiencia en el campo de trabajos forzados sacude su mundo desde los cimientos, como un gran terremoto al que siguen fuertes réplicas.

En este punto tiene importancia una pequeña digresión biográfica, como nos recuerdan sus biógrafos: "Una vez, siendo niño, un día despejado de principios de otoño, cuando estaba solo en el fondo de un bosque, escuchó detrás de él, en el profundo silencio, un grito fuerte: '¡Lobo!'. Y, enloquecido por el miedo, gritando terriblemente, se lanzó por los campos directo hasta el campesino Marei que estaba cultivando; cuando llegó ante él, lo agarró con una mano de la azada y con la otra de la manga. El aldeano lo tranquilizó: '¿Qué te ha pasado? ¿Qué lobo? Te pareció a ti. Vamos, no voy a dejar que te lleve el lobo. ¡Cristo está contigo!'. Y el campesino persignó al niño con una sonrisa casi maternal, con los dedos sucios de tierra"[21]. Merezjowski sostiene, tal vez exagerando, que toda la vida religiosa de Dostoyevski está prefigurada en esta escena, pero seguramente ese recuerdo de infancia no era baladí. El propio Dostoyevski ha

20. GROSSMAN 2010: 215.

21. Dimitri Merejkowski, *Dostoievsky. Profeta de la Revolución Rusa*, Argonauta, 1946, y versión similar de GROSSMAN 2010: 28.

escrito detalladamente sobre este incidente en forma de cuento en *Diario de un escritor*, relacionándolo más con su concienciación sobre "con qué profundo e iluminado sentimiento humano y con qué delicadeza y ternura, casi femeninas, puede estar henchido el corazón de un rudo, terriblemente ignorante y siervo *muzhik* ruso [...]. Recuerdo haber sentido de repente que era capaz de mirar a esos infelices con otros ojos y que de pronto, como si fuera un milagro, todo el odio y la maldad desaparecían por completo de mi corazón"[22].

Entonces, cuando estaba en el campo de trabajos forzados, la imagen arquetípica, aunque algo borrosa, del campesino Marei salió de nuevo a la superficie. Dostoyevski, observando la admirable paciencia y fuerza que demostraba la gente corriente, la gente que pisa firme en la tierra rusa, llegó a la conclusión de que solo el pueblo llano puede ser la fuente del renacimiento moral y espiritual de Rusia.

Se ha dicho que Dostoyevski siguió siendo un soñador social, como en su juventud socialista, incluso después de su liberación, pero con el signo invertido[23]. Pero, tal como sucede casi siempre con las personas de temperamento fogoso, que Dostoyevski cambiase de ideas solo podría significar una única cosa: adoptar los ideales exactamente opuestos y declarar la guerra a sus viejas ideas. Dostoyevski solo podría adoptar una actitud tal que cualquier 'tibieza' le provocaría repulsión. Quiere las cosas o frías o calientes, según la sentencia bíblica: "Pero por cuanto eres tibio, y no frío ni caliente, te vomitaré de mi boca"[24].

Las ideas socialistas son ya cosa del pasado y en él cristaliza la visión de la 'vuelta a las raíces'.

---

22. Vid. el relato titulado "El campesino Marei" (Fiódor Dostoyevski, Cuentos, trad. B. Martinova, Siruela, 2009 y DOSTOYEVSKI 2021: 783-787.

23. BRAUN 2008: 110.

24. Apocalipsis 3, 16.

Después de la liberación – La revista *Tiempo* – *Recuerdos de la casa de los muertos*

Como hemos visto, Dostoyevski sale del campo de trabajos forzados lleno de energía y sueños. Intuye que los diez años que ha estado ausente han sido suficientes para que los lectores se hayan olvidado de él. Después de escribir un relato inofensivo e insignificante –"El sueño del tío"– para apaciguar la censura y admitirla, decide editar una revista con la ayuda de su querido hermano Mijaíl. El zar Alejandro II, que había sucedido a Nicolás, había introducido algunas reformas liberales –con la abolición de la servidumbre, en 1861, como culminación– que, entre otras cosas, incluían una relativa relajación de la censura. La revista se publica en 1860, se llama *Tiempo* y, según la información de que disponemos, contaba con más de 4.000 suscriptores, cifra totalmente satisfactoria en un país con enormes índices de analfabetismo, lo que además aseguraba la rentabilidad del boletín. La edición de la revista señala el comienzo de lo que podría llamarse la 'escritura periodística' de Dostoyevski, aunque es cierto que, según testimonio general, el éxito de la publicación se debía principalmente a la sección literaria, para la que Dostoyevski consiguió colaboraciones importantes de Turguénev, Nekrásov, Ostrovski, etc, mientras publicaba por entregas sus propias novelas, como *Humillados y ofendidos* o *Recuerdos de la casa de los muertos*.

Los escritos periodísticos de Dostoyevski se distinguen por un tono político conservador y patriótico que provocó muchas críticas y disputas con escritores contemporáneos suyos. Concretamente, en uno de esos artículos escribe: "Nuestra tarea debe ser crear una forma de vida nueva, propia y patriótica, arraigada en nuestra propia tierra, en el espíritu y los principios fundamentales de nuestro pueblo. Prevemos que nuestra actividad futura debe tener en el más alto grado un carácter universalmente humano, que la idea rusa será tal vez una de las ideas que con tanta fuerza de alma y perseverancia está desarrollando Europa en sus diferentes naciones y que todo lo hostil que hay en esas ideas tal vez encuentre conformidad y un mayor desarrollo en el espíritu del pueblo ruso"[25]. Su carrera periodística duró muchos años, ya que en la década de 1870, tras el cierre de *Tiempo*, colaboró con la revista *El Ciudadano*, en la que los textos de Dostoyevski, con el título de *Diario de un escritor,* ocupan más de 1.000 páginas y que, a diferencia de los críticos, él consideraba su principal obra literaria. Resumiendo el contenido de sus escritos periodísticos, Rosamund Bartlett escribe: "Nacionalismo malintencionado, extremismo religioso, intolerancia étnica, miseria burguesa, abuso infantil, suicidio, crítica dogmática, confesión personal, ensoñaciones utópicas, distanciamiento selectivo, fervor moralista, intuición profunda, humor macabro y ficción en grado superlativo: bienvenidos al mundo de *Diario de un escritor*"[26].

Tal vez valga la pena mencionar que en la segunda fase de su carrera periodística, lamentablemente para Dostoyevski, a su colaboración con la revista *El Ciudadano* la acompaña una sombra en absoluto halagadora, ya que su editor era el príncipe V. P. Mescherski, oscuro agente político reaccionario entre bastidores que, a través de sus conexiones con personas de alto rango del gobierno, conseguía dinero para la revista y sus colaboradores con el propósito de hacer un periodismo conservador. Dostoyevski no solo escribió artículos para la revista, sino que, tras la destitución de Granovski, que discrepaba de la línea conservadora de la publicación, asumió el cargo de jefe de redacción. Sin embargo, la 'protección de alto nivel' de la revista

---

25. BRAUN 2008: 120.

26. Rosamund Bartlett, *The Russian Soul: Selections from A Writer's Diary by Fyodor Dostoevsky*, Nottin Hill Editions, 2017, pág. 7.

no amparó del todo a Dostoyevski, a quien, pese a su viraje, el régimen nunca dejó de considerar sospechoso, según la costumbre de los cuerpos de seguridad de todo el mundo por la que "quien es una vez culpable, es culpable siempre". Así, en junio de 1873 el tribunal de censura incrimina a Dostoyevski, acusa a la revista de incitar la hostilidad entre sectores de la población y, de hecho, le obliga a dimitir del cargo de director[27].

Todo este primer período de formación de su nuevo mundo ideológico concluye con dos acontecimientos, uno literario y otro biográfico, de gran importancia para el tema que se trata aquí.

El primero es la publicación de su libro *Recuerdos de la casa de los muertos*[28]. El libro es esencialmente un género híbrido entre literatura y periodismo, puesto que se presentan en él las verdaderas experiencias de Dostoyevski en el campo de trabajos forzados disfrazadas bajo la especie de ficción. Dostoyevski activa un truco literario habitual por miedo a la censura: el libro es el supuesto manuscrito de un noble ruso exiliado y el autor lo saca a la luz; sin embargo, nada en el libro es producto ficticio de la imaginación de Dostoyevski. Por eso la crítica se mostró dividida en cuanto a si se trataba de reportajes o de literatura. Dostoyevski arma su libro en torno a tres ejes: las circunstancias externas de la vida en el campo de trabajos forzados, los caracteres humanos de los condenados y los vigilantes, y un análisis de textura psicológica de los delincuentes, del castigo y de la experiencia del confinamiento. Sin embargo, este libro produjo una división en cuanto a su valoración formal y también en cuanto al contenido. Durante varios años la intelectualidad

---

27. GROSSMAN 2010: 563-564.

28. F. Dostoievski, *Memorias de la casa muerta*, trad. J. García Gabaldón y F. Otero Macías, Alba, 2001. Aunque en español se traduce así, el título exacto en ruso es: *Notas* [zapiski] *de la casa de los muertos*.

progresista del país –en los antípodas del viraje conservador de Dostoyevski además– lo elogiaba porque consideraba que era una estampa de la autocracia zarista en su forma más salvaje. Es revelador que el anarquista Piotr Kropotkin, que por lo demás se mostró receloso con la posterior obra de Dostoyevski[29], en su historia de la literatura rusa, escrita en 1905, destacó los *Recuerdos* como una obra importante, mientras que rumores de la época decían que incluso el zar lloró cuando la leyó. Turguénev comentó que en el libro había escenas "dignas de Dante", mientras que Herzen escribió: "Esta época nos ha dejado un libro tremendo, un canto singular y aterrador, que penderá para siempre sobre la salida del oscuro reinado de Nicolás como la célebre inscripción de Dante sobre la entrada al infierno"[30]. Otros, a su vez, señalaron sorprendentes debilidades en la estructura del libro, como por ejemplo, el hecho de que si bien se supone que el libro es el manuscrito de un noble condenado por el asesinato de su esposa, poco más tarde el autor habla de una condena política de su personaje, hecho que seguramente revela su propia experiencia.

El segundo suceso se refiere a un viaje de Dostoyevski que también desempeñó un papel catalizador en la configuración de su mundo ideológico. Cansado del laborioso esfuerzo que requería la edición de la revista, así como de los constantes conflictos provocados por sus artículos, Dostoyevski decide emprender un viaje a Europa, en el verano de 1862, acompañado por su amigo Strájov. En unos tres meses visita Alemania, Francia, Suiza, Italia, Austria e Inglaterra. Publicó sus impresiones en la revista, en un extenso texto titulado "Apuntes de invierno sobre impresiones de verano". El viaje a Europa, que comenzó

29. KROPOTKIN 2017.
30. GROSSMAN 2010: 305.

con una disposición más bien positiva, ya que –como todos los rusos cultos de la época– consideraba a Europa el epicentro de creaciones culturales importantes, decepcionó profundamente a Dostoyevski. Sus comentarios son inequívocamente negativos. No se sintió, por supuesto, decepcionado por los monumentos –que, según Strájov, no le interesaban lo más mínimo–, sino por las costumbres de los europeos, que observaba atentamente. Desde su visita a París ya se perciben en su crítica tonos anticapitalistas, puesto que habla de un nuevo adoctrinamiento de las masas cuyo único objetivo es "acumular dinero y adquirir la mayor cantidad de objetos posible"[31]. Pero sus impresiones empeoran aún más con la visita a Inglaterra, el centro del mundo capitalista en ese momento, que le provoca verdadera repulsión. Sus principios anticapitalistas culminan en Londres, donde también tuvo la oportunidad de conocer al exiliado Herzen, quien, según Strájov (compañero de viaje de Dostoyevski), inoculó con su influencia las reacciones de Dostoyevski contra el capitalismo–. En Kensington ve el edificio más grande del mundo de entonces, el nuevo palacio de la Exposición Internacional de 1862, verdadero monumento a la vanidad humana, un edificio enorme de arquitectura imponente iluminado, un 'palacio de cristal' –al que regresará cuando escriba sobre él en *Memorias del subsuelo*– que tiene como objetivo la masificación y deshumanización de las personas, esa sociedad hormiguero a la que tantas veces regresa en sus escritos posteriores.

Es evidente que en esta crítica de Dostoyevski se oyen ecos de lo que Michael Löwy y Robert Sayre han descrito pormenorizadamente, hablando de otros autores, como anticapitalismo romántico, es decir, la protesta contra las nuevas estructuras sociales que trae consigo el capitalismo, puesto que aniquila las

---

31. GROSSMAN 2010: 308.

formas tradicionales de organización, pero también la añoranza por lo que se pierde. Además, la expresión 'anticapitalismo romántico' fue utilizada por primera vez en alemán por Georg Lukács, en un ensayo suyo sobre Dostoyevski[32]. Sin embargo, contrariamente a Lukács, que considera a esta corriente reaccionaria y conservadora en conjunto, Michael Löwy y Robert Sayre distinguen entre romanticismo conservador y revolucionario cuando dicen que la diferencia crucial consiste en si los portadores de este espíritu desean sin más el retorno a un mundo precapitalista o si desean la superación del capitalismo hacia un futuro poscapitalista[33]. En esta encrucijada, Dostoyevski optó por la vía conservadora.

En cualquier caso, la experiencia de ese viaje fortalece en él la convicción de que, si bien Europa era incuestionablemente la que más aportaba a la evolución de la humanidad, su papel histórico había terminado. El renacimiento del mundo ya solo puede provenir de Rusia y del pueblo ruso y él mismo está dispuesto a ofrecer de todo corazón sus fuerzas en esa dirección.

Una novela efecto de un conflicto

La novela política por excelencia de Dostoyevski es sin duda *Los demonios*, que precisamente por su temática es también la más controvertida. Unos la elogiaron, otros la consideraron un libelo con graves problemas de fabulación, dependiendo de la posición ideológica de cada uno. Dostoyevski vio la oportunidad

---

32. "Über den Dostojewski Nachlass", *Moskauer Rundschau* 6 (1931).

33. De la extensa e importantísima obra de Löwy-Sayre relacionada con el Romanticismo, sugerimos, por ejemplo, Michael Löwy - Robert Sayre, *Rebelión y melancolía. El romanticismo como contracorriente de la modernidad*, trad. G. Montes, Ediciones Nueva Visión, Buenos Aires, 2008.

de expresar en esta novela su oposición a otros dos grandes escritores de la época, Nikolai Chernishévski e Iván Turguénev.

Dostoyevski tenía cuentas abiertas con Chernishévski desde antiguo. Este había publicado en 1863 –como respuesta a *Padres e hijos* de Turguénev– su novela *¿Qué hacer?*[34], que influyó como ninguna otra en la intelectualidad progresista y la juventud radical de Rusia. La elogiaron, entre otros, Lenin (que incluso tomó prestado de ella el título de su conocido libro), Kropotkin, Emma Goldman, Plejánov, Marx, Engels y Rosa Luxemburgo; mientras que Tolstói escribió un libro que dialoga directamente con aquel. La novela tuvo tal impacto entre la juventud que se produjo un fenómeno de mujeres jóvenes que vestían y se peinaban como la heroína Vera Pávlovna, una mujer rebelde y poco convencional que no está satisfecha con el papel social de la mujer prescrito en la sociedad rusa patriarcal y conservadora. Dostoyevski consideraba que la influencia de esa novela era funesta, pero también dañinas en general las ideas promovidas por Chernishévski con sus escritos publicados durante la década de 1850 en la revista *El Contemporáneo* (donde, por cierto, sucedió a Belinski). Es revelador un suceso que ocurrió cuando el 16 de mayo de 1862 se declaró el gran incendio de San Petersburgo, que según las autoridades fue obra de jóvenes revolucionarios. Aunque en un principio la mayoría creía que se trataba solo de un accidente, estudios posteriores sostienen que con toda probabilidad era una provocación de la policía, con el fin de incriminar a los revolucionarios e intensificar su persecución. Sin embargo Dostoyevski, arrastrado por la versión gubernamental reproducida por los periódicos, estaba convencido de que ese desastroso incendio (que, como veremos más adelante, inspiró la correspondiente escena de *Los demonios*)

---

34. Nikolái Chernishévski, *¿Qué hacer?*, trad. A. Serraller Calvo, Akal, 2019.

era obra de los revolucionarios. Su convicción se vio reforzada por una proclama distribuida clandestinamente en aquellos días llamando a la rebelión. La proclama, titulada "Joven Rusia", decía: "Pronto, muy pronto, llegará el día en que desplegaremos la bandera gloriosa, la bandera del futuro, una bandera roja, y gritaremos: ¡Viva el Estado social y democrático de Rusia! Avanzaremos contra los palacios de invierno y exterminaremos a quienes viven allí". Según la proclama, la clase pobre "olvidada hoy, azotada, mañana se levantará con Stenka Razin por la igualdad social y la democracia rusa; con Pugachov, para exterminar a los mandatarios, por la redistribución de la tierra y el lote de tierra. Va a masacrar a los terratenientes, como se hizo en los palacios orientales durante la década de 1830, a causa de la opresión [...] Con fe plena en nosotros mismos, en nuestras fuerzas, con el apoyo de nuestro pueblo, en el glorioso futuro de Rusia, a la que el destino ha elegido para hacer realidad la gran causa del socialismo, gritaremos al unísono 'a las armas' y entonces golpearemos al partido imperial, sin piedad, como ahora nadie siente lástima por nosotros, golpearemos en las plazas, si estos miserables matones se atreven a salir a ellas, los golpearemos en sus casas, los golpearemos en los callejones estrechos de las ciudades, los golpearemos en las avenidas de las grandes ciudades, los golpearemos en los pueblos y en los campos!"[35]

Alguien arrojó una copia de esa proclama bajo la puerta de Dostoyevski, como era habitual en aquella época para distribuir ese tipo de textos en condiciones de clandestinidad. Dostoyevski se sintió sacudido por el contenido de la proclama y ya esa misma noche se apresuró a la casa de Chernishévski, a quien todos consideraban el líder oficioso del bando revolucionario. Llamó a su puerta y le suplicó diciendo que todo eso tenía que

---

35. GROSSMAN 2010: 296-297.

llegar a su fin[36], considerando que este último había esparcido la semilla revolucionaria que dividiría Rusia. Chernishévski negó todo tipo de participación en el suceso y decía la verdad[37]. Pero Dostoyevski insistió. Le dijo que, aunque nunca había creído que él estuviese involucrado en la redacción de la proclama, "habrá que detenerlos como sea. Su palabra cuenta para ellos y, finalmente, temen su opinión. [...] No es necesario conocerlos ni hablar con ellos personalmente. Basta con que formule públicamente su condena en algún lugar y llegará a sus oídos"[38]. También Chernishévski rescata el encuentro en sus propias memorias y recuerda que Dostoyevski vinculaba las proclamas y el incendio en su mente y pensaba que Chernishévski podría influir en los acontecimientos mediante alguna intervención pública, cosa que este último consideraba innecesaria, según estimaba –quizá más acertadamente que Dostoyevski– que, cuando los procesos revolucionarios llegan a tal punto, nadie se deja conmover por los llamamientos a la calma de un intelectual. Por desgracia, una opinión similar a la de Dostoyevski sobre el papel de Chernishévski tenía el régimen zarista que persiguió implacablemente a este último. El autor de *¿Qué hacer?* pasó casi veinte años en prisiones y destierros y murió en 1889 deshonrado por todas esas tribulaciones.

Antes de encargarse de responder a las ideas de Chernishévski a través de *Los demonios*, Dostoyevski ya había atacado las

---

36. Tal como se cita en el anexo de la edición griega de *¿Qué hacer?* (*Τι να κάνουμε; Οι νέοι άνθρωποι*, trad. Eleni Bacopulu, anexo de Aris Maragópulos, Topos), p. 467, y en GROSSMAN 2010: 297.

37. Hoy sabemos que el redactor de la proclama en cuestión fue un tal Zechnevski, a quien conocía Chernishévski, pero de quien discrepaba en el tema de la acción conspiradora, ya que Chernishévski creía que cualquier cambio social debe provenir de una movilización masiva y no de la acción conspiradora de un pequeño grupo de revolucionarios.

38. GROSSMAN 2010: 297-298.

ideas socialistas del primero en *Memorias del subsuelo*, publicadas dos años después del incendio de San Petersburgo, en 1864, y un año después de la publicación de *¿Qué hacer?* En *Memorias del subsuelo* tenemos la primera impresión coherente del repudio de sus antiguas ideas. Aquí Dostoyevski, "liberado de sus falsas ilusiones", en realidad critica los planes de los socialistas utópicos sobre una sociedad basada únicamente en el racionalismo como ensoñaciones utópicas irrealizables. "Declarando con todo descaro que todos esos admirables sistemas y teorías que pretenden explicarle a la Humanidad cuáles son sus intereses normales, para que, invenciblemente impelida a perseguir su logro [...], no son para mí hasta ahora más que meros sofismas"[39], declara el narrador de *Memorias del subsuelo*. Señala además que una sociedad así, incluso aunque alguna vez se llevase a la realidad, no sería más que un 'hormiguero', un lugar donde la gente perdería todo rastro de sí misma y se convertiría en mero engranaje de una masa de personas que obedecería las reglas de la sociedad 'perfecta'. Un hombre sin voluntad propia no es más que "una suerte de teclado"[40]. Dostoyevski ve que las 'utopías' pueden convertirse en 'campos de trabajos forzados', aunque sea de signo positivo. La estampa arquitectónica de esa pesadilla –según Dostoyevski– es el 'Palacio de Cristal', el imponente edificio de la Exposición Universal que, como ya hemos mencionado, vio Dostoyevski en Londres en 1862. A todo esto contrapropone una actitud egoísta, contemplativa e introvertida, en los antípodas de la 'acción directa' de los socialistas: "He dicho, y repito, que las personas que se salen de lo vulgar y todos los hombres de acción son precisamente considerados tales porque son estúpidos y de cortas luces. ¿Que cómo explico eso? Pues

---

39. DOSTOYEVSKI 1953: 25.

40. DOSTOYEVSKI 1953: 27.

así: en virtud de su medianía, toman las causas segundas, las más inmediatas, por causas primeras, y al punto, y sin dificultad alguna, se convencen de haber encontrado un fundamento inmutable para su actividad, se tranquilizan, y eso es lo más importante. Porque para poder obrar es menester, ante todo, estar completamente tranquilo, no tener la menor duda[41]".

El segundo autor con el que Dostoyevski la toma en *Los demonios*, más quizá que con Chernishévski, es Turguénev. Fue amigo y colaborador de Turguénev en sus primeros pasos, pero, tras la publicación de *Humo*[42], que Dostoyevski consideró un ataque a los llamados eslavófilos, su relación se enfrió. Dostoyevski consideraba a Turguénev su principal adversario ideológico en la literatura rusa (y, en segundo lugar, a Tolstói) y especialmente tras la publicación de *Padres e hijos*, un libro que provocó reacciones estruendosas, tuvo un enorme impacto y fundamentalmente consagró el término nihilistas en la sociedad rusa, que en la novela está representado por el personaje principal, Bazárov[43]. El proeuropeo, progresista y liberal Turguénev, propagador de las ideas europeas, quizás el 'menos ruso' de todos los escritores rusos, como se le ha calificado, es precisamente lo contrario de Dostoyevski y, por tanto, el blanco ideal de un posible ataque. Pero volveremos a Turguénev, con más detalle, más adelante.

Antes de continuar, hay que hacer aquí una constatación: aunque Dostoyevski tenía tendencia al rencor, sobre el tema en cuestión estas enemistades no tienen un carácter fundamentalmente personal, sino ideológico. Tienen que ver con la contro-

---

41. DOSTOYEVSKI 1953: 20.

42. Iván Turguénev, *Humo*, trad. V. Gallego, Alba, 2003.

43. Iván Turguénev *Padres e hijos*, trad. V. Andresco, Rialp, 2018. Aunque el término "nihilismo" lo consagró en Rusia Turguénev, probablemente lo acuñó Friedrich Heinrich Jacobi.

versia entre eslavófilos y occidentalizantes, que el lector debe tener presente para llegar al núcleo de la problemática que impregna *Los demonios.*

Eslavófilos y occidentalizantes. Perfil de una controversia ideológica y el exaltado siglo XIX ruso

El conflicto ideológico entre eslavófilos y occidentalizantes, que duró *grosso modo* de 1840 a 1880 (es decir, veinte años antes y veinte años después de la abolición de la servidumbre en 1861), fue sin duda la controversia ideológica más fuerte de la Rusia del siglo XIX.

Para esbozar este conflicto de la manera más sucinta posible, basta con decir que los occidentalizantes aplaudían las reformas proeuropeas y sostenían que Rusia, guiada por las clases instruidas, debía convertirse en un país europeo y liberal según los modelos occidentales de la época; mientras que los eslavófilos rechazaban la europeización de Rusia, creían que así se perdería el 'alma rusa' y la peculiaridad rusa, cuyo portador era el pueblo llano, que permanecía puro e incontaminado de influencias europeas y cuyo carácter no había sido alterado por la educación. En esencia, el meollo de la controversia podría resumirse en la siguiente pregunta: ¿La sociedad justa formará a individuos virtuosos (occidentalizantes) o los individuos virtuosos crearán la sociedad justa (eslavófilos)?

En esa controversia, Dostoyevski se puso claramente del lado de los eslavófilos. Por eso se enfrentó con varios escritores de su época, como Granovsky, Kavelin, Chernishévski y Turguénev.

La presentación más completa y madura de las tesis de Dostoyevski sobre el tema se encuentra en el discurso que pronunció con motivo del descubrimiento del monumento de Pushkin y se publicó en 1880[44]. Según Dostoyevski, Tatiana, la heroína de *Eugenio Oneguin*[45], de Pushkin, representa al genuino e íntegro 'ruso', mientras que, por el contrario, el cosmopolitismo de Oneguin representa las capas instruidas de la aristocracia y es portador de todas las influencias europeas foráneas.

Sin embargo, Dostoyevski, especial en todo, también lo fue en su eslavofilia, que se distingue por un matiz 'herético', se diría, en relación a cómo la expresaban otros eslavófilos de la época. En cierto modo, Dostoyevski intenta trascender y sintetizar ambas corrientes, aunque parte claramente de la corriente eslavófila. Para Dostoyevski, la misión del 'alma rusa' es la fraternidad universal y la solidaridad de los pueblos y el alma de los rusos está hecha para eso más que el alma de cualquier otro pueblo.

Lo importante aquí no es tanto detenerse en la percepción manifiesta y típicamente nacionalista –que un pueblo es más capaz que otros de alcanzar un objetivo noble–, sino en cuál es ese objetivo: la visión personal de Dostoyevski es la fraternidad universal de los pueblos, una visión universal, es decir, que eluda totalmente las estrechas fronteras 'nacionales' del rusismo. Por tanto, Dostoyevski, encuentra el mejor pretexto para resumir su posición hablando de Pushkin: "las literaturas europeas conocieron genios artísticos de una magnitud colosal: los Shakespeare, los Cervantes y los Schiller. Pero indíquenme uno solo de estos grandes genios que tuviera la capacidad de sensibilidad universal de nuestro Pushkin. Él comparte esta

---

44. VV.AA. 1997.

45. Alexandr Pushkin, *Eugenio Oneguin* (trad. M. Chílikov), Cátedra 2005.

capacidad, nuestro principal don nacional, con nuestro pueblo, y si es un poeta popular es sobre todo gracias a ello. Los más grandes poetas europeos nunca supieron encarnar con la fuerza con que lo supo hacer Pushkin el genio, el espíritu de otro pueblo, tal vez vecino [...]. Por el contrario, al dirigirse a otros pueblos, los poetas europeos con frecuencia los transformaban en algo propio, interpretándolos a su manera. Incluso en las obras de Shakespeare los italianos, por poner un ejemplo, son prácticamente idénticos a los ingleses. [...]. No, he de afirmar que nunca existió un poeta con una sensibilidad tan universal como la de Pushkin, y no se trata sólo de su sensibilidad, sino de su sorprendente profundidad, de la reencarnación de su espíritu en pueblos extraños, una reencarnación casi perfecta y, por tanto, milagrosa [...]. Este fenómeno [...] es algo exclusivo de Pushkin, y, en este sentido, repito, representa un fenómeno insólito, inusitado y, en nuestra opinión, incluso profético,... porque en esto se expresó sobre todo la fuerza nacional del pueblo ruso, en esto se expresó precisamente el espíritu popular de su poesía, el espíritu popular en su ulterior desarrollo, el espíritu popular de nuestro futuro, cuyo germen se encuentra latente en el presente, y todo ello lo expresó de una forma profética. Porque ¿qué es la fuerza del espíritu popular ruso sino su aspiración final a la universalidad y la humanidad?"[46].

El destino de los rusos, según Dostoyevski, es incuestionablemente paneuropeo y global. Pero para llegar a ser un ruso genuino y perfecto hay que "convertirse en hermano de todos los hombres, un *hombre universal*"[47]. Esta visión, dice Dostoyevski, puede ser de momento imprecisa y los europeos tal vez no se den cuenta, ya que no tienen idea de cuánto los aman los

46. VV.AA. 1997: 175-178.
47. VV.AA. 1997: 178.

rusos, pero: "Y más tarde –estoy convencido de esto– nosotros, o mejor dicho, los rusos del futuro entenderán sin excepción alguna lo que de verdad significa ser ruso: aspirar a reconciliar definitivamente las contradicciones europeas, señalar que la superación de la nostalgia europea es posible en el alma rusa, un alma universal y reconciliadora"[48].

También deja claro que no habla "de supremacía económica" ni de la gloria de la espada o de la ciencia, sino de la fraternidad de los hombres.

También demuestra lo 'herética' que era esa tesis 'eslavófila' de Dostoyevski el hecho de que algunos llegaron al punto de decir que en esas palabras suyas se discierne una "inesperada profecía de la Tercera Internacional"[49]. Sin embargo, Dostoyevski no sueña ni con una revolución proletaria internacionalista ni con una sociedad sin clases.

La armonía universal, según él, el acuerdo fraternal de todos los pueblos, se hará "de acuerdo con la ley evangélica de Cristo"[50]. Porque puede ser "que nuestra tierra es mísera, pero con la apariencia de un esclavo la recorrió bendiciéndola Cristo"[51].

Sin embargo, más allá de la controversia entre eslavófilos y occidentalizantes, que predominó entre los intelectuales rusos de la época, también valdría la pena hacer un comentario sobre el clima más general de la literatura rusa de aquellos años, que nos ayudará a comprender los términos en que se desarrollaban esos debates. A partir de 1842, año en que se publica *Almas muertas* de Gógol, pero quizá incluso más exactamente desde 1859,

---

48. VV.AA. 1997: 179.

49. MIRSKY 1977: 229. Lo hemos mencionado antes: Dostoyevski siguió siendo un utópico, aunque hubiese sustituido el ideal socialista por el cristianismo y la ortodoxia como medio de reconciliación humana universal.

50. VV.AA. 1997: 179.

51. VV.AA. 1997: 180.

año en que se publican *Oblómov*, de Goncharov, y *En vísperas*, de Turguénev, comienza la 'edad de oro' de la literatura rusa, la explosión de la novela social, que culmina aproximadamente a principios del siglo XX. Desde *Almas muertas* de Gógol hasta *Resurrección* de Tolstói, afirma George Steiner, subrayando incluso la secuencia lógica de ambos títulos, "la literatura rusa refleja la venida del apocalipsis. [...] Los novelistas rusos del siglo XIX percibieron la tormenta que se estaba formando y profetizaron"[52]. Basta ver los títulos y las fechas para comprender la revolución literaria que se produjo en ese medio siglo: *Almas muertas* (1842), *Oblómov* (1859), *Padres e hijos* (1861), *¿Qué hacer?* (1863), *Crimen y castigo* (1866), *Guerra y paz* (1867-69), *El idiota* (1868-69), *Los demonios* (1871-72), *Anna Karenina* (1875-77), *Los hermanos Karamázov* (1879-80), *Resurrección* (1899). Según escribió Nikolái Berdiáyev, la literatura rusa de la época "está llena de presentimientos y de predicciones, siempre agitada a la espera de una catástrofe próxima. Los grandes escritores rusos del siglo XIX han sentido que Rusia se hallaba al borde de un abismo, en el que iba a precipitarse; sus obras reflejan la revolución interna que se realiza y la otra revolución en marcha"[53]. En ese horno, el diálogo entre los escritores, los antagonismos, los feroces enfrentamientos eran algo habitual. Cuando sientes que escribes al borde del abismo, no caben maneras nobles y delicadas, y Dostoyevski no tenía inconveniente en estar en el corazón de la tormenta. *Los demonios* es, por tanto, su contribución más encendida a ese debate[54].

---

52. STEINER 2002: 50-51.

53. BERDÁYEV 1937: 97.

54. Sobre el clima intelectual y literario de la época, véase más en detalle mi prólogo «Ο Βησσαρίων Μπελίνσκι και το αίτημα για μια επαναστατική λογοτεχνία» [Visarión Belinski y la demanda de una literatura revolucionaria], en *Βησσαρίων Μπελίνσκι, Γράμμα στον Γκόγκολ*, Panopticon, 2023, 9-29.

Pero como la creación literaria y, en general, la cultural no se materializa en el vacío, para que quede aún más claro en qué condiciones sociales fueron escritos estos libros, también hay que tener en cuenta los procesos revolucionarios de la Rusia del siglo XIX, que se manifestaron a través de multitud de movimientos sociales. Se ha señalado con acierto que quien quiera comprender la literatura rusa del siglo XIX debe leerla junto con la historia del movimiento populista[55].

El más conocido de ellos, el movimiento 'decembrista', que se hizo notorio en diciembre de 1825 inspirado en ideas liberales y jacobinas al eco de la Revolución francesa, fue el primero en plantear también directamente –además de los objetivos de una distribución más justa de la tierra– la cuestión de sustituir el poder zarista por un gobierno constitucional y democrático. Sin embargo, este movimiento de militares e intelectuales organizado en términos de conspiración (Pushkin, por ejemplo, fue uno de los simpatizantes del movimiento[56]) fue derrotado con particular facilidad. Los ciento veinte protagonistas del movimiento arrestados fueron condenados a trabajos forzados y a muchos años de exilio, algunos fueron ejecutados públicamente, pero el mito de los decembristas nutrió a toda la intelectualidad radical del siglo XIX en Rusia y engendró nuevos grupos radicales, a pesar de la represión y censura cada vez mayores impuestas por el nuevo zar Nicolás I. Son reveladores, por ejemplo, los recuerdos de Herzen, que tenía trece años en el momento de la represión de la revuelta: "Lo que escuchábamos sobre la revuelta, sobre el juicio, el horror en Moscú, me impresionaba; veía que se me estaba abriendo un mundo nuevo que se conver-

---

55. Vid. el fundamental trabajo de Franco Venturi: VENTURI 1975.

56. La novela de Pushkin *La hija del capitán*, publicada por primera vez de forma anónima, tiene como telón de fondo esa revuelta. Aleksandr Pushkin, *La hija del capitán* (trad. R. San Vicente), Alianza Editorial, 2015.

tía cada vez más en el centro de toda mi existencia moral. No sé cómo sucedió: conocía más o menos muy vagamente lo que pasaba. Sin embargo, sentía que no estaba con los que tenían los obuses y la victoria, las cárceles y las cadenas. La ejecución de Pestel y sus compañeros finalmente despertó a mi alma del sueño infantil"[57].

Cuando murió el zar Nicolás I y le sucedió su hijo Alejandro II, el nuevo monarca inició importantes reformas que culminaron con la abolición de la servidumbre en 1861 y la relativa relajación de la censura y de la implacable represión que ejercía el padre tuvo efecto positivo e hizo su aparición un nuevo movimiento, el movimiento populista. Aleksandr Herzen, multifacético y dotado escritor ruso que vivía exiliado de Rusia y cuyos escritos circulaban clandestinamente, el tempestuoso anarquista ruso Mijaíl Bakunin y el escritor Nikolái Chernishévski fueron en gran parte inspiradores de este importante movimiento, que tenía como objetivo el encuentro de los intelectuales radicales con el pueblo (la consigna "ir al pueblo - B'narod" hacía estremecer los corazones de los jóvenes cultos de la época).

Miles de jóvenes decidieron irse a vivir a las aldeas, a enseñar a los aldeanos a leer e intentar radicalizar sus opiniones políticas. Su conclusión era sencilla y correcta: para contribuir a liberar un pueblo, antes hay que conocerlo. Sin embargo, este movimiento romántico y puro por la parte de los jóvenes intelectuales no halló la misma cálida respuesta por parte de los aldeanos, que los consideraban un cuerpo extraño. Esa decepción con el pueblo provocó gradualmente una transformación del movimiento populista, que poco a poco se fue activando en las ciudades.

---

57. *Apud* Mitsos Alexandrópulos, Ἔνας ἄνθρωπος μια εποχή. Ο Ἀλέξανδρος Γκέρτσεν [Un hombre y una época. Alexandr Herzen], Gnosi, 1989, 83.

El hito más importante de ese proceso es la creación en 1876 de la organización 'Zemlyá i Volya', cuyos integrantes decidieron tres años más tarde que la vía de acción más oportuna era la lucha armada, y de las entrañas de 'Zemlyá i Volya' nació la organización terrorista 'Naródnaya Volia' (Voluntad del Pueblo), que pasó a la historia por la determinación y disposición abnegada de sus miembros.

El 13 de marzo de 1881 ocurrió lo que años antes parecía inconcebible. El zar Alejandro II fue asesinado (había habido varios intentos fallidos anteriormente) y el régimen recibió un golpe insólito que provocó un seísmo en toda Rusia.

Puede que el zar muriese por las bombas de Naródnaya Volia, pero el régimen se mantuvo en pie. Siguió, como se esperaba, una terrible ola de represión: los dirigentes del movimiento Andrei Zhelyabov, Sofía Peróvskaya, Nikolái Rysakov, Timofei Mihailov y Nikolái Kibálchich fueron detenidos y ahorcados mediante procesos sumarios en la plaza Semyonovski de San Petersburgo. El heredero del trono, el hijo de Alejandro II, Alejandro III, superó incluso a su abuelo en salvajismo, pero los revolucionarios se habían convertido en una leyenda en los círculos radicales dentro y fuera de Rusia, y en 1887 otro grupo conspirador de estudiantes intentó sin éxito asesinar al nuevo zar. Los cinco detenidos también fueron ahorcados en procesos sumarios, cerrando así un ciclo de movimientos y procesos revolucionarios en Rusia que en realidad había durado tres siglos. Entre los estudiantes asesinados por el régimen zarista se encuentra el nombre de Aleksandr Uliánov, hermano de Vladímir Ilích Uliánov, *Lenin* para el mundo.

Volviendo a Dostoyevski y a *Los demonios* y antes de avanzar en el contenido del libro, un último comentario, también revelador de las formas en que se leyó el libro más político del gran escritor ruso, en relación con su suerte en la Rusia posrevolucionaria. Ya hemos señalado que la asimilación de la obra estuvo, en ocasiones, influida decisivamente por la posición ideológica de cada lector. Por lo tanto, no es sorprendente el hecho de que, pese a la enorme repercusión del libro tras la primera edición y las reediciones subsiguientes, después de la Revolución de Octubre no se publicó el libro en ruso durante cuarenta años porque su contenido fue considerado contrarrevolucionario. En 1956 se reimprimió con dificultades en una colección más amplia de obras de Dostoyevski y no de forma independiente. A duras penas se hizo una edición independiente del libro en 1989, cuando la 'época soviética' había llegado a su fin, y se calcula que en el lustro 1989-1994 vendió algo menos de dos millones de ejemplares en Rusia, pese a las calamidades económicas que atravesaba la población[58].

La novela. Comentarios preliminares

La cuestión fundamental que aborda el autor en *Los demonios* es la referida a las, a su juicio, desastrosas consecuencias de las nuevas ideas revolucionarias 'modernas' que han aparecido en Rusia. Desde el punto de vista formal, muchos han señalado la trama casi caótica, que se debe en parte a la apremiante necesidad de recursos del autor, que lo obligaron a revisar su plan original en mitad de la escritura. En este punto hay que hacer una aclaración. A excepción de su primer libro, *Los pobres*, Dostoyevski se veía obligado a escribir rápidamente y mal remunerado, en comparación con los demás escritores de la

---

58. James Goodwin, *Confronting Dostoevsky's Demons*, Peter Lang, p. 1, con información general muy interesante sobre la suerte del libro en Rusia según las circunstancias políticas.

época, por el agobio de las dificultades económicas. Es significativo lo que dice en su biografía su esposa Ana Grigórievna sobre la época en que escribía *Los demonios*: "Las obras de mi marido habrían ganado mucho desde el punto de vista artístico si no hubiese tenido esas dificultades que le impedían escribir sin apremios. Entre los literatos y en sociedad, siempre se hacían comparaciones entre Dostoyevski y otros escritores y se reprochaba a mi marido la enorme complicación y confusión y la continua acumulación de ideas y hechos en sus novelas mientras que otros autores, como Turguénev, publicaban trabajos escritos con mucho cuidado y claridad. A nadie se le ocurría preguntarse en qué condiciones y circunstancias vivían y escribían los otros y en qué precaria situación se encontraba mi marido. Casi todos (Tolstói, etc.) eran hombres sanos y sin el aguijón de la necesidad: tenían la posibilidad de meditar y cuidar sus obras. Dostoyevski, en cambio, sufría dos penosas enfermedades, tenía el peso de la familia y las deudas y vivía en una permanente incertidumbre cada mañana"[59].

Todo eso influyó, ciertamente, pero quizá junto a las dificultades económicas objetivas habría que pensar que había otra razón: los torrenciales acontecimientos que narra solo podrían describirse de semejante manera.

Dostoyevski utiliza al principio del libro dos citas con la intención de advertir al lector de lo que sigue. Una es un fragmento de un poema de Pushkin:

"Por mi vida que la senda / no se ve. Nos extraviamos. / ¡Qué hacer! Nos lleva un demonio / dando tumbos por el campo.

---

59. DOSTOIEVSKAIA 2021: 173-174. Muestra de ello es la opinión de Vladimir Nabokov, totalmente desacertada en mi opinión, de que "Dostoyevski no es un gran escritor" y de que "sus obras son débiles, sin los ensamblajes necesarios". Vladimir Nabokov, *Curso de literatura rusa*, trad. M.L. Balseiro, B de Bolsillo (epublibre), 1981, págs. 306 y 397.

¿Cuántos son? ¿Adónde corren? / ¿Por qué cantan con tal pena? / ¿Van al entierro de un duende / o a casar a una hechicera?"[60].

La otra es un pasaje del Evangelio de Lucas (8, 32-36), esclarecedor sobre las intenciones del autor: "Había allí un hato de muchos cerdos que pacían en el monte; y le rogaron que los dejase entrar en ellos; y les dio permiso. Y los demonios, salidos del hombre, entraron en los cerdos; y el hato se precipitó por un despeñadero al lago, y se ahogó. Y los que apacentaban los cerdos, cuando vieron lo que había acontecido, huyeron, y yendo dieron aviso en la ciudad y por los campos. Y salieron a ver lo que había sucedido; y vinieron a Jesús, y hallaron al hombre de quien habían salido los demonios, sentado a los pies de Jesús, vestido, y en su cabal juicio; y tuvieron miedo. Y los que lo habían visto, les contaron cómo había sido salvado el endemoniado".

Entonces Jesús envía los demonios a una piara de cerdos, que luego, bajo la influencia del espíritu diabólico, se lanzan al mar y se ahogan. Dado que el objetivo de Dostoyevski son las ideas subversivas modernas, surge ya una pregunta: ¿los demonios son las ideas subversivas y los endemoniados son los portadores de esas ideas o son los demonios los portadores de las ideas y los endemoniados son todos los demás, la sociedad que está infectada? Esta pregunta: "¿quiénes son los demonios y quiénes los endemoniados?", que el autor, creo, intencionadamente deja rondar sobre todo el relato, de manera que ambas versiones sean válidas al mismo tiempo, es la piedra angular de la novela y, teniéndolo en cuenta también nosotros, comenzaremos nuestro recorrido por el tormentoso escenario dostoyevskiano del libro.

---

60. DOSTOYEVSKI 2016: 13.

En aquella época Dostoyevski planeaba escribir una novela larga titulada *La vida de un gran pecador*, en la que abordaría la cuestión del ateísmo. Sin embargo, un acontecimiento de actualidad le llama la atención y cambia el rumbo. Se trata del caso Necháyev y el asesinato del estudiante Ivánov en noviembre de 1869. El estudiante I. Ivánov fue asesinado el 21 de noviembre de 1869 en el parque de la Academia de Agricultura por Serguéi Necháyev, con la colaboración de A.K. Kuznékov, P. G. Uspenski, I.G. Pryzov y N.N. Nikoláev, todos ellos miembros de la sociedad secreta *Naródnaya Rasprava* (Venganza del Pueblo) de Moscú, de la que Ivánov era también miembro y, además, uno de sus fundadores[61]. La acusación de Necháyev contra Ivánov fue que actuaba como agente de la policía y por lo tanto debía ser ejecutado, pero la verdad es que Ivánov solo había desafiado la autoridad de Necháyev y quería alejarse de la organización. Serguéi Necháyev, conocido hoy por *El catecismo revolucionario*[62], uno de los textos más controvertidos y lúgubres de la tradición revolucionaria nihilista, fundador y líder autoritario él de una pequeña organización conspiradora revolucionaria, fue detenido por el asesinato de Ivánov y el tema y el juicio subsiguiente fueron ampliamente cubiertos por los periódicos de la época.

La sorpresa de Dostoyevski tuvo que ser grande ya por leer el nombre del protagonista: ¡Necháyev! Es decir, el mismo apellido que tenía la madre de Dostoyevski, María Fiodórovna Necháyeva (por otra parte, Dostoyevski recibió el nombre de pila de su abuelo Fiódor Necháyev[63]), aunque no se derive de nin-

61. Michael Confino, *Violence dans la violence: le débat Bakounine-Nečaev*, Maspero, 1973, p. 204.

62. BAKUNIN-NECHÁYEV 2004. https://www.portaloaca.com/historia/historialibertaria/carta-de-bakunin-a-nechayev/.

63. GROSSMAN 2010: 17.

guna manera parentesco lejano con Serguéi Necháyev y se trate solo de una coincidencia de apellidos.

Como se desprende de las notas de Dostoyevski para *Los demonios*, además del caso Necháyev, también estaba ocupado con otro caso similar. Se trata del caso de Karakózov, miembro del grupo *Ishutin* (un personaje de la tradición revolucionaria rusa que se parece en muchos aspectos a Necháyev) que planeó asesinar al zar. Karakózov, que se había comprometido a ejecutar al zar, fue finalmente detenido y ajusticiado en la horca en 1866. Algunos investigadores han señalado la similitud del apellido Karakózov con Karamázov, lo que los lleva a conjeturar que Dostoyevski tuvo presente el caso Karakózov para elaborar *Los hermanos Karamázov*, en la que daría forma a un Karakózov transmutado en el personaje de Aliosha, mientras que en *Los demonios* se interesó principalmente por el caso Necháyev y el proceso correspondiente, más reciente[64].

El proceso subsiguiente es, como hemos dicho, publicado por extenso en los periódicos y Dostoyevski, que siempre se siente atraído por casos del boletín policial (no olvidemos que la figura de Raskólnikov en *Crimen y castigo* se inspiró en gran medida en la figura del poeta, asesino y ladrón francés Pierre François Lacenaire), se da cuenta de que ha encontrado el tema que le daría la oportunidad de desarrollar la crítica de las perniciosas ideas modernas. Algunos han afirmado que Dostoyevski habría asistido a las sesiones del juicio, hipótesis que no puede confirmarse, pero lo que sí es seguro es que había estudiado pormenorizadamente el material publicado en los periódicos de la época. En ellos leyó también extractos de *El catecismo revo-*

---

64. En el prefacio del autor a *Los hermanos Karamázov*, Dostoyevski dice que es una novela 'introductoria', por lo que no se excluye que en una posible secuela se hubiese presentado a Aliosha como un revolucionario. En cualquier caso sigue siendo una conjetura.

lucionario, que se publicaron por extenso, mientras que, según su propio testimonio, visitó el parque donde tuvo lugar el asesinato del estudiante Ivánov, que recreó en la novela como el asesinato de Shátov: "Era un lugar muy triste al fondo del enorme parque [...]. Fui más tarde expresamente a verlo; qué triste debe de haber sido aquella despiadada tarde de otoño"[65]. Como veremos más adelante, específicamente en el incidente del asesinato de Shátov, Dostoyevski reproduce casi fielmente los informes de la época, hasta el punto de que se le acusó de que en algunas partes de *Los demonios* hace reportaje y no literatura.

Además, aparte de las publicaciones de la época, el escritor extrae información de fuentes personales, puesto que su cuñado –que también estudiaba en la Academia de Agricultura– había conocido a Ivánov, la víctima. Como señala Michel Confino: "Cotejando algunos detalles, parece que la historia de Lopatin no es muy diferente de la que le contó a Dostoyevski por la misma época el hermano de su esposa, que era estudiante en la Academia de Agricultura, donde también estudiaban Ivánov y muchos de sus camaradas de la organización"[66].

El propio Dostoyevski confirma todo esto en un artículo que escribió en la revista *El Ciudadano*: "Algunos de nuestros críticos notaron que en mi última novela, *Los demonios*, utilicé la fábula de la conocida causa de Necháyev; pero enseguida anunciaron que los retratos no eran iguales ni tampoco la reproducción de la historia de Necháyev era literal; que solo tomé el fenómeno y me limité a explicar la posibilidad de un caso semejante en nuestra sociedad, visto como fenómeno social y no como anécdota o como la descripción de un asunto particular moscovita. Todo esto me parece de lo más justo. A Necháyev,

---

65. GROSSMAN 2010: 539.

66. *Apud* BAKUNIN-NECHÁYEV 2021: 108-109.

que conocemos, y a su víctima Ivanov, no los toco personalmente en mi novela. La personalidad de *mi* Nechávev desde luego no se parece a la personalidad real de Nechávev. Quería plantear la cuestión lo más claramente posible, en forma de novela, y dar una respuesta a esta cuestión: ¿De qué manera en nuestra sociedad de transición y asombrosamente moderna son posibles no Nechávev, sino *los Nechávev*, y de qué manera puede ocurrir que estos *Nechávev* terminen reclutando partidarios?"[67].

En el punto de mira de Dostoyevski están todos los intelectuales progresistas y radicales de la época, desde los liberales hasta los anarquistas-nihilistas. En la dualidad de Stepán Trofímovich Verjovenski y su hijo Piotr Stepánovich Verjovenski, Dostoyevski delimita los dos extremos de este espectro político y representa, por un lado, a la generación anterior de intelectuales liberales (Verjovenski padre) y a la generación más joven de nihilistas (Verjovenski hijo). La generación anterior, que nunca se había lanzado al horno de la verdadera acción revolucionaria y se limitó a la formulación de ideas liberales, abre a su manera el camino para la siguiente generación que ha subido al escenario histórico con furia, decidida a que no quede en palabras. Entonces, 'padres e hijos'.

Al perfilar estos dos personajes, Dostoyevski hace algo a lo que estaba acostumbrado y de lo que volveremos a hablar más adelante: extrae datos de personas reales. En el personaje de Verjovenski padre caricaturiza al escritor liberal y occidentalizante Timoféi Granovski, fundador de los estudios medievales en Rusia, que creía que la cultura europea era claramente superior a la rusa. El personaje de Verjovenski hijo está inspirado, por supuesto, en Nechávev. El tercer personaje que, a medida que se desarrolla la novela, se convierte en el protagonista principal, es

---

67. DOSTOYEVSKI 2021: 625.

Nikolái Stavroguin, para cuyo perfil Dostoyevski extrae datos del célebre anarquista Mijaíl Bakunin, pero de eso hablaremos por extenso más adelante. En este punto tengamos en cuenta un desarrollo en espiral que Dostoyevski introduce hábilmente en su trama: en el primer volumen el verdadero protagonista es Verjovenski padre, en el segundo volumen el anarquista Stavroguin y en el tercero el audaz nihilista Verjovenski hijo. El curso de los acontecimientos es evidente en la mente de Dostoyevski: si no se atajan las ideas liberales en su origen, el radicalismo se recrudecerá ineludiblemente, los demonios se volverán más demonios y el borde del precipicio se acerca.

Antes de avanzar, hay que plantearse una pregunta, aunque solo sea entre paréntesis: ¿hasta qué punto conocía Dostoyevski los círculos nihilistas y revolucionarios de la época? La verdad es que tenía, sin duda, una idea general de las ideas utópicas, ciertamente al menos tenía una experiencia personal de un grupo análogo gracias a su paso por el círculo de Petrashevski, pero, por otro lado, el hecho de que la literatura al respecto estaba prohibida por la censura y, por tanto, inaccesible para quienes estaban fuera de esos círculos, así como el hecho de que él mismo estuviese durante diez años en el campo de trabajos forzados y, por tanto, apartado de todo eso, nos llevan a concluir en ocasiones que en cierta medida en su mente tenía una caricatura, aunque no hubiese sido creada de manera completamente arbitraria. El crítico de la época N. K. Mijáilovski incluso expuso esa objeción muy claramente: "¿Por qué Dostoyevski no escribe una novela basada en la historia europea de los siglos XVI y XVII? [...] El autor, sin embargo, recurre a un tema extraño a sí mismo –el movimiento revolucionario ruso del siglo XIX– y se condena al fracaso atribuyendo a sus personajes 'ideas excéntricas' que le pertenecen a sí mismo"[68]. También se ha señalado que "Dostoyevski no estaba bien informado sobre los nihilistas y evidentemente tenía tendencia a considerarlos un único grupo subversivo, cuando en realidad solo eran pequeños grupos con diferentes principios y propósitos diversos"[69]. Independientemente de hasta qué punto son atinadas estas observaciones, creo que Dostoyevski en esa etapa de formación ideológica no habría cambiado la opinión que tenía sobre los revolucionarios, incluso aunque los hubiese conocido mucho mejor.

En un principio la intención expresa de Dostoyevski es escribir un libelo contra los nihilistas, incluso a expensas de la calidad literaria. "Sobre los nihilistas hay que escribir con el látigo", apunta en alguna parte. En una carta a su amigo Máikov escribe: "Me gustaría formular algunas ideas, aunque con eso destruyese mi fundamento artístico. [...] Puede que sea un libelo, pero quiero expresar mi opinión. Lo que escribo es parcial, quiero expresarme con la mayor acritud y violencia posibles. [...] Lo diré todo, hasta la última palabra"[70]. Las peligrosas ideas occidentales introducidas en Rusia por los nihilistas deben ser eliminadas sin piedad y Dostoyevski piensa incluso sacrificar el valor artístico de su obra por ese objetivo.

Pero afortunadamente para la literatura, a pesar de su impulso inicial, Dostoyevski en su interior sabe separar al periodista combativo del artista. En el trayecto decide no escribir un libelo. Tiene que ampliar su tema. La cuestión principal es, como siempre sucede en el universo de Dostoyevski, la lucha entre el bien y el mal, Rusia y Europa en este caso, y, en un sentido más amplio, la lucha entre el ateísmo y el cristianismo.

---

68. *Apud* GROSSMAN 2010: 554.

69. BRAUN 2009: 282.

70. *Apud* BRAUN 2009: 283.

El resultado vuelve a ser una novela filosófica, género en el que el gran escritor ruso se encuentra en su elemento natural, como pez en el agua. El material que estaba trabajando mentalmente para la novela del gran pecador puede ser aprovechado en *Los demonios*. Nikolái Stavroguin, ese ser humano destructivo y al mismo tiempo autodestructivo, idealista (aunque de forma irregular) y cínico, heroico y demoníaco, se convierte en el personaje central e indiscutible del libro.

El escenario lo completan varios personajes secundarios, aunque algunos de ellos extraordinariamente importantes. Y en este punto Dostoyevski en determinadas ocasiones se inspira en la realidad, a veces crea caricaturas, por lo que a menudo fue criticado por sus contemporáneos, quienes, a diferencia de nosotros, reconocían fácilmente personajes y cosas. Ya hemos hablado de Granovski, Necháyev, Bakunin, de quienes extrae datos para dar forma a sus héroes. En el personaje de Shátov sin duda está representado el estudiante asesinado Ivánov (de un segundo uso reservado a este personaje hablaremos más adelante). De manera similar, como veremos a continuación, en la personalidad de Karmázinov se ridiculiza a Turguénev[71], a quien, como hemos dicho, Dostoyevski considera su oponente ideológico y en este momento quiere responder a *Padres e hijos*. Algo que, hasta donde yo sé, no ha sido señalado por la crítica es que Varvara Petrovna, que está enamorada de Verjovenski padre y también es su aval financiero, puesto que ella lo apoya económicamente, tiene el mismo nombre que la madre biológica de Turguénev. Si la elección del nombre de la heroína no es

---

71. No es la primera vez ni la única que Dostoyevski critica a sus rivales literarios a través de sus personajes: algo similar hizo, aunque no de manera simple, en el personaje del (príncipe) Lev Nikoláievich Myshkin, para el que en parte se inspira en el (conde) Lev Nikoláyevich Tolstói (el nombre común y patronímico que Dostoyevski elige para su personaje no deja muchas dudas al respecto).

una coincidencia, el simbolismo es obvio: la nodriza de Turguénev, que contagió a la intelectualidad radical con sus ideas, es la
que alimenta a Verjovenski padre, que fue el maestro/educador
de los demonios...

Se ha discutido mucho sobre la elección del lugar donde se
desarrolla la trama. A diferencia de otras obras suyas, aquí el
escenario no es San Petersburgo ni Moscú, sino una insignificante ciudad pequeña de provincias, además sin nombre. No
puede decirse con certeza por qué Dostoyevski toma tal decisión. Algunos han sostenido que se trata de una degradación
deliberada de los Demonios, en cuanto que solo en un ambiente
tan provinciano podrían haber prosperado figuras tan insignificantes. ¿Pero un problema tan importante para Dostoyevski
como el efecto destructivo de las ideas radicales no se reduce
así a un problema periférico? ¿Es acaso el indolente, bendito e
hipnotizado campo ruso el punto débil del sistema inmunológi-
co de Rusia por el que el virus de la destrucción entrará en el
organismo? Tal hipótesis parece fundada. Sin embargo, algunos
estudiosos dan otra versión, mucho más interesante, de cuál podría ser esa pequeña ciudad de provincias. Por las descripciones
de Dostoyevski deducen que se trata de la ciudad de Tver, en
cuya extensa región había nacido Mijaíl Bakunin y donde el
propio Dostoyevski había vivido durante unos meses, de agosto
a diciembre de 1859, después de su salida del campo de trabajos forzados y antes de que se le permitiese regresar a San
Petersburgo[72]. Esta hipótesis parece bastante probable, puesto
que muchas descripciones del extenso paisaje coinciden con las

---

72. Véase a título de ejemplo Anne Lounsbery, «Dostoevskii's Geography: Centers,
Peripheries, and Networks in "Demons"», *Slavic Review* 66 (2007), págs. 211-
229 y Mitsos Alexandrópulos, *Δαίμονες και Δαιμονισμένοι. Επιστροφές στον
Ντοστογιέφσκι* [Demonios y endemoniados. De vuelta a Dostoyevski], Delfini, págs.
48-49.

ubicaciones y la extensa geografía de Tver. Si el hecho tiene validez, es decir, si Dostoyevski sitúa su acción en la región en que nació Bakunin, la cuestión ciertamente adquiere otra dimensión. También es importante el hecho de que Tver fuese durante 1859-1860 –es decir, el período en que Dostoyevski residió allí– el epicentro de una movilización de nobles liberales que pedían reformas al zar, como la separación de poderes y la igualdad de los ciudadanos. Entre ellos estaban algunos decembristas que habían regresado después de treinta años de exilio, pero también dos viejos conocidos de Dostoyevski, miembros del círculo Petrashevski: Aleksandr Evropeus y Saltykov[73]. Si el lugar que Dostoyevski elige de hecho como escenario de la acción de la novela es Tver, el tema adquiere otra dimensión interesante, porque en esa extensa región vivía en un monasterio cierto monje llamado Tijon Zadonski[74], famoso en su época y más tarde declarado santo por la iglesia rusa. Por supuesto, Dostoyevski toma esta figura histórica para dar forma al monje Tijon en *Los demonios*.

Pero incluso aunque la elección del lugar pueda considerarse un hecho de importancia menor, en *Los demonios* hay una desviación estructural en relación con las demás novelas que no es en absoluto baladí. Hemos dicho que la decisión última de Dostoyevski fue escribir una novela filosófica e ineludiblemente la dualidad en torno a la cual se puso nuevamente a trabajar es la lucha del bien contra el mal. Sin embargo, si esa dicotomía se expresa claramente en sus otras grandes novelas (por ejemplo,

---

73. VENTURI 1975: 325.

74. GROSSMAN 2010: 548. Es el personaje de Tijon Zadonski, que es también el modelo para dar forma al *stárets* Zósimo en *Los hermanos Karamázov*. Sin embargo, en cuanto a fechas, Dostoyevski novela libremente este asunto, puesto que el monje Tijon había nacido en 1724 y no estaba vivo en la época en que se desarrollan ambas obras.

Raskólnikov/Sonia en *Crimen y castigo,* Myskin/Rogozhin en *El idiota,* el *stárets* Zósimo y el padre Karamázov en *Los hermanos Karamázov,* etc.), en *Los demonios* está el mal, pero no existe el polo del bien claramente perfilado. En resumen, según se ha señalado acertadamente[75], Dostoyevski se pone a gestionar un problema dialéctico sin un método dialéctico.

En ese punto débil de la novela ciertamente desempeñó un papel importante la omisión del capítulo con la confesión de Stavroguin al monje Tijon, que desde un punto de vista literario habría sido de gran importancia en el desarrollo de la trama. Sin embargo, el caso de la violación de una menor descrito en ese capítulo llevó al editor de la revista *El mensajero ruso,* donde la novela se publicó por capítulos la primera vez, a negarse categóricamente a publicarlo porque no había duda de que iba a provocar un escándalo. Dostoyevski accedió a reescribir el capítulo, pero tras una segunda negativa del editor decidió abandonarlo. Dostoyevski, por una razón poco clara, omitió el capítulo también en la versión íntegra del libro que él mismo realizó con su esposa cuando decidieron publicar sus libros en su propia editorial y solo tras la muerte del escritor vio la luz dicho capítulo.

Con esta involuntaria omisión, el problema dialéctico del que hemos hablado quedó pendiente y, por tanto, sin resolver. De haberse producido el viraje moral de Stavroguin (comparable al viraje del propio Dostoyevski en el campo de trabajos forzados), habría sido el de un santo pecador, un arrepentido que transmitiría el mensaje cristiano tal cual, pero eso no sucedió. La incapacidad de Stavroguin para cambiar moralmente es la que lo lleva al suicidio. En el esquema cristiano de Dostoyevski, sin arrepentimiento ni perdón el ser humano camina hacia la

---

75. BRAUN 2009: 289

perdición. Como en el caso de Kirílov, el espíritu del ateísmo y la falta de arrepentimiento están en la raíz del mal. Tal vez Dostoyevski dejaba pendiente ese tratamiento para la novela del 'gran pecador' que nunca terminó.

Pero en este punto la principal preocupación de Dostoyevski era otra. Si en *Memorias del subsuelo* criticaba las percepciones racionalistas de Occidente sobre una futura sociedad materialista e ideal, ahora plantea la cuestión de qué pasaría si algunas personas ganasen en fuerza y poder reales y decidiesen poner en práctica sus planes, y además en Rusia. Aquí aparece un miembro de la camarilla de los Demonios, Shigaliov[76], quien, en una reunión de los conspiradores, desarrolla detalladamente su programa de reforma del mundo, una 'utopía científica', según él la denomina. La escena es una de las más divertidas del libro, ya que Dostoyevski pone en pie de guerra toda su pericia para ridiculizar a todos aquellos que desarrollan planes 'científicos' abstractos sobre el papel para reformar la sociedad y, aunque supuestamente sueñan con la libertad humana, a lo que finalmente dan forma es a la 'sociedad hormiguero', en la que, según sus absurdos planes, uno se acerca a la libertad a través de su negación absoluta. En resumen, en palabras del propio Shigaliov: "Partiendo de la libertad sin límites he llegado al despotismo ilimitado"[77].

Dado lo que vino a continuación en la Unión Soviética, una crítica tan clarividente de Dostoyevski introdujo casi inevitablemente en el debate hasta qué punto fue el 'profeta' de la Re-

---

76. Lo influyente que fue esta escena de Dostoyevski lo demuestra también el hecho de que, aunque Shigaliov es un personaje secundario, el término 'chigalevismo' tuvo uso amplio en debates políticos en años posteriores. Véase, a modo de ejemplo, el subcapítulo pertinente de Albert Camus en *El hombre rebelde*, trad. L. Echávarri, Losada, 1978, págs. 162-165.

77. DOSTOYEVSKI 2016: 457.

volución de Octubre y de sus tergiversaciones: con los conservadores, por un lado, convirtiéndolo en el estandarte de la lucha antisoviética y, por otro, los bolcheviques, como se ha visto, haciendo desaparecer *Los demonios* de la circulación desde la década de 1920. ¿Pero fue un 'profeta'? Ciertamente fue clarividente en algunos casos[78], como todos los grandes artistas, pero seguro que no era un profeta. No solo porque otras 'predicciones' suyas, como, por ejemplo, la misión que tiene el cristianismo ruso en el mundo, fueron refutadas solemnemente, sino también porque, en general, la perspicacia política respecto a las cuestiones políticas corrientes de la época probablemente no fue su punto fuerte. De todos modos, seguramente este debate no es inocente o neutral hermenéuticamente. Lo es en el contexto más amplio de la tan difundida 'lectura cristiana' de Dostoyevski.

En buena medida seguramente él mismo sentó las bases para esta lectura unívoca de la obra. La identificación del 'bien' en toda su obra con el cristianismo y, por supuesto, con su versión ortodoxa rusa es muy clara, como también su convicción de que incluso aunque Dios no existiese habría que inventarlo o su certidumbre de que la fuente de todo mal es el espíritu del ateísmo. Pero creo que una lectura tan literal nos conducirá a interpretaciones erróneas y más adelante explicaré minuciosamente por qué. Aquí se podría objetar de antemano que, por más problemática que se presente la incapacidad de Stavroguin para convertirse al cristianismo, incapacidad que según Dostoyevski lo conduce al suicidio, el argumento de Dostoyevski podría revertirse fácilmente: Stavroguin queda triturado bajo el peso de la culpa precisamente porque no es completa-

---

78. Como, por ejemplo, cuando cuenta que tras la revolución los disidentes serán enviados al patíbulo (DOSTOYEVSKI 2016: 431) o que después de la revolución se necesita un poder firme y despótico (DOSTOYEVSKI 2016: 473)

mente ateo, es un cristiano latente enjaulado en el esquema de la culpa y el castigo.

Pero lo más importante que tendríamos que señalar aquí es la 'injusticia de la lectura cristiana'[79], con la que, de seguirla acríticamente, perderíamos la esencia de la percepción que Dostoyevski tiene de sus novelas. Como decíamos, muchos cometen el error de atribuir a su obra una lectura cristiana unívoca, debido al cristianismo explícitamente proclamado por Dostoyevski. Ciertamente su peculiar cristianismo está omnipresente en sus páginas, pero al mismo tiempo no cabe duda de que una Santa Inquisición de la época lo arrojaría a la pira solo por el capítulo del Gran Inquisidor. En el capítulo de Tijon, citando una frase del *Apocalipsis* de Juan, Dostoyevski parece considerar que el ateo está categóricamente más cerca de Dios que un 'cristiano tibio': "Yo conozco tus obras, que ni eres frío ni caliente. ¡Ojalá fueses frío o caliente!; pero por cuanto eres tibio, y no frío ni caliente, te vomitaré de mi boca"[80]. Incluso el monje Tijon se ve obligado a admitir ante Stavroguin, para sorpresa de este último, que "no cree por completo". El ateísmo absoluto, dice Tijon, "es más respetable que la indiferencia mundana. [...] Un ateo convencido está un peldaño por debajo de la fe más perfecta (llegue o no a subir ese peldaño), pero un hombre indiferente no tiene ya fe, solo un miedo atroz"[81].

Después de todo, si aceptamos la opinión de que la fe comienza justo donde se detienen el pensamiento y la duda, la conciencia perpetuamente atormentada de Dostoyevski no solo piensa incesantemente –y por lo tanto cabe la duda–, sino que

---

79. Frase de Rena Coseri, escrita en otros contextos y específicamente como comentario a planteamientos interpretativos sobre la obra de Aléxandros Papadiamandis.

80. Apocalipsis 3 15-16.

81. DOSTOYEVSKI 2016: 762-763.

tiende más a considerar el cristianismo como una necesidad. Él mismo confiesa que acabó en el cristianismo a través de un terrible proceso interior de dudas y dolores autoinfligidos. Pero una cosa es la 'necesidad' y otra la 'verdad'.

Sin embargo, la razón principal por la que una lectura cristiana no debe ser adoptada acríticamente es otra, mucho más decisiva, y tiene que ver con el que a mi juicio es el método hermenéutico más adecuado para abordar su obra.

Una digresión hermenéutica: la contribución de Mijaíl Bajtín

Hasta ahora hemos expuesto a grandes rasgos un primer entramado de personajes, acontecimientos, el 'escenario' podríamos decir, de la novela. Entramos en este punto en la cuestión crucial del enfoque interpretativo. En un principio, el lector atento de *Los demonios* observará una particularidad narrativa adoptada por Dostoyevski. Si bien hay un 'narrador omnisciente' –la práctica literaria más extendida en la narrativa de ficción–, al mismo tiempo hay momentos en que la acción es autónoma y el narrador omnisciente está completamente ausente. ¿A qué se debe esta singularidad? Ciertamente no podemos suponer que el genio literario de Dostoyevski no podía dominar su material de otro modo. Creo que de esa manera esas 'dos voces' narrativas introducen algo mucho más sustancial. Así Dostoyevski tiene la posibilidad de mostrar, por un lado, cómo percibe él mismo a los Demonios y, por otro, cómo los percibe el ciudadano medio de la época, alguien que –como se describe en el libro– ha vivido los acontecimientos de los Demonios de cerca y conoce a los protagonistas. Así se evita el riesgo de presentar solo el estado de ánimo negativo, en buena medida denigrante, del autor. Como hemos visto, Dostoyevski resolvió que *Los demonios* debería expresar algo más que sus opiniones personales sobre los nihilistas, por consiguiente tenía que oírse otra voz aparte de la suya. ¿Pero solo hay dos voces narrativas o muchas más?

Antes hay que hacer por adelantado algunas observaciones que nos ayudarán a comprender mejor el juego hermenéutico en la lectura de sus obras en general y de *Los demonios* en particular. Ciertamente Dostoyevski fue un escritor con mentalidad filosófica y política, pero no fue un filósofo que *resulta* que escribía literatura. La literatura es su primer y principal afán. Sus novelas son obras de arte que sin duda contienen ideas filosóficas, pero en ningún caso tratados filosóficos que adoptaron forma literaria sin más. Un escritor que se respeta a sí mismo y el oficio al que sirve no expresa sus ideas, cualesquiera que sean, con sus reflexiones, sino que las remodela con imágenes, personajes, trama, recursos estéticos y sistemas de símbolos, de modo que queda a merced del lector sacar conclusiones. En literatura los medios de expresión, la expresión lingüística, no son solo un medio para formular ideas, no sirven solo a un propósito; son un fin en sí mismos, constituyen un sistema *per se* y están al servicio de un juego estético. Esta conciencia disuadió a Dostoyevski de escribir un simple libelo blandiendo el látigo contra los nihilistas. En sus obras literarias —a diferencia de los textos periodísticos que hemos comentado—, Dostoyevski no es solo un predicador de sus propias ideas. Se ha señalado con razón que "el bando de los eruditos eslavos (Berdiáyev, Evdokímov, Shestov, Pópovich), quienes, como apologistas del cristianismo oriental, consideran a Dostoyevski una especie de mártir o profeta del cristianismo ruso", con la consecuencia de que, "desde su punto de vista el ideólogo devora al novelista. [...] En nombre de la piedad y del fanatismo, lo primero que hay que aceptar es que Dostoyevski fue un 'fiel', un 'apologista', un 'mártir', que, por cierto, *también* escribía novelas"[82].

Es clave tener presente que Dostoyevski escribe novelas de ideas, pero no de tendencias ideológicas específicas y militantes. Quiere dar luz y precisar diversas ideas, pero no quiere predicarlas, por mucho que caiga en la tentación. Es más, no le interesa exponer las 'ideas comunes' que circulan a su alrededor. Lo que más le interesa es escoger manifestaciones extremas de diversas ideas, diversos temperamentos, y examinar qué pasaría si esa idea extrema, esas formas extremas de las que sus obras están sembradas prevalecieran y fuesen preponderantes en la sociedad. ¿Qué pasaría si una idea llegara a sus límites más extremos y sus implicaciones más extremas y al mismo tiempo no siguiese siendo solo asunto de un agente aislado, sino que alcanzase una difusión más amplia? En la escatología política y religiosa de Dostoyevski, el futuro lo gestan los extremos, nunca el término medio. Entre lo 'normal' y lo 'extraordinario' está claramente interesado por lo segundo. No le interesa describir la realidad de su tiempo, sino cuál puede llegar a ser la realidad de mañana a partir de lo que se está gestando en las entrañas de la sociedad. Esas burbujas que aparecen en el agua justo antes de que empiece a hervir, según dice exactamente. En ese sentido, su realismo también es peculiar. No presenta tipos 'corrientes' de la sociedad rusa, sino casos límite, personas cuyas ideas han anegado su naturaleza. 'Normales' en sus novelas son solo algunos personajes secundarios, nunca los protagonistas. En este caso, Shátov, Kirílov, Verjovenski, Stavroguin se sienten abrumados por lo que creen, se abrasan y abrasan todo lo que los rodea. De ahí los numerosos personajes que pueden parecer 'antinaturales' y que nadie ha conocido nunca en la vida

---

82. Costís Papayoryis, Ντοστογιέφσκι [Dostoyevski], Castaniotis, 2002, p. 224.

real. Al contrario de lo que sucedía entonces en la literatura realista rusa, que solía representar tipos característicos de personas de la sociedad, a Dostoyevski le interesan los temperamentos marginales y era indiferente a la 'persona corriente'. En contraste con la literatura realista que se escribía en ese momento en Rusia y reproducía 'tipos de personas peculiares', Dostoyevski se interesa por la muestra 'excepcional' de personajes y no por la 'típica'. De esto se deriva la duda de algunos al respecto: ¿cómo es posible que prevalezca en sus novelas esa 'atmósfera de manicomio' y cómo es posible que "cada uno de los personajes de Dostoyevski, especialmente en las novelas del último período, [padezca] de una enfermedad física o de una perversión moral?"[83]. En este sentido, es típico –a pesar de su evidente exageración– el comentario de Mirsky de que "solo los enfermos mentales profundos serían capaces de sentir a los protagonistas de Dostoyevski"[84]

¿Cómo puede un escritor gestionar semejante material sin caer en un arte propagandístico barato y sin dar lugar a un batiburrillo incomprensible en que la línea narrativa parezca paranoica, caótica y voluble?

Esta compleja y delicada cuestión interpretativa, en mi opinión, la resolvió de la mejor manera Mijaíl Bajtín al introducir el concepto de novela polifónica, del que hablaremos justo a continuación. Antes conviene decir unas pocas palabras sobre este excelente teórico de la literatura, porque la aventura de su vida y obra no es ajena a la recepción de la obra de Dostoyevski en el siglo XX.

Mijaíl Bajtín nació en 1895 en Oriol, de una familia de banqueros relativamente rica y pasó su infancia en Lituania y Odesa

83. KROPOTKIN 2017: 221.

84. MIRSKY 1977: 236.

debido a los traslados profesionales de su padre. Recibió una educación excelente, aprendió lenguas extranjeras desde temprana edad, gracias a lo cual ya desde su adolescencia puede leer alemán y griego antiguo en versión original, al tiempo que leía apasionadamente y disfrutaba de muchas de las grandes cuestiones intelectuales de la época en diversos campos, como la literatura, la filosofía, la filología, la estética y la teología. Estudió literatura clásica en San Petersburgo, completó sus estudios en 1918 y tras la Revolución de Octubre decidió marcharse al campo, puesto que la vida en las grandes ciudades era más difícil por la falta de alimentos. Se instaló en Nével, una pequeña ciudad en la actual frontera con Bielorrusia, y luego en la cercana Vitebsk. Rápidamente se formó a su alrededor un pequeño círculo de importantes intelectuales (Volóshinov, Medvédev, etc.). Enfermizo desde pequeño, en 1923 le diagnosticaron una rara enfermedad, osteomielitis, que posteriormente provocó la amputación de una pierna. En 1924 Bajtín y algunos miembros de este círculo se trasladaron a San Petersburgo para trabajar en varias universidades. Sin embargo, Bajtín cayó en desgracia, fue detenido poco después bajo sospecha de pertenecer a una hermandad cristiana que supuestamente tenía actividad subversiva y fue condenado a cinco años de trabajos forzados, que gracias a la mediación de Maxim Gorki se convirtieron en destierro en Kostanái, Kazajstán. Los años de postergación al principio y de desgracia después –pese a las enormes dificultades para ganarse la vida– fueron los más productivos para Bajtín. Durante las décadas de 1920 y 1930 escribió algunas de sus obras más importantes, que sin embargo permanecieron inéditas o fueron publicadas con la firma de amigos íntimos. La restauración de Bajtín no se produjo hasta la década de 1960, ya que en 1965 –cuando ya había cumplido 70 años– finalmente le ofrecieron un puesto docente en la Universidad de Saransk, pero lo principal es que algunos estudiantes descubrieron su obra más importante, *Problemas de la poética de Dostoyevski*, que se había publicado en 1929. Así se inició la rehabilitación de Bajtín, la reedición (o primera edición[85]) de sus obras y su consiguiente traducción a diversas lenguas europeas.

Por supuesto, lo que nos interesa aquí es su mencionado libro de capital importancia sobre Dostoyevski, que, aunque lentamente –por las circunstancias que referimos–, cambió radicalmente la manera de leer al gran escritor ruso. Sin la contribución de este teórico de cuerpo enfermizo, pero de espíritu brillante, el estudio de la obra de Dostoyevski no sería lo que es hoy.

Según Bajtín, Dostoyevski renueva toda la novela europea hasta ese momento, que era monofónica. Aquí no tenemos que vérnoslas con una narración proveniente únicamente de la voz del autor, como ocurría hasta entonces, sino de muchas voces que se escuchan por igual. Por supuesto, la voz del autor está también presente en ellas, pero no en un lugar privilegiado, es solo una más entre muchas. Según Bajtín, *"La pluralidad de voces y conciencias independientes e inconfundibles, la auténtica polifonía de voces autónomas*, viene a ser, en efecto, la característica principal de las novelas de Dostoyevski. En sus obras no se desenvuelve la pluralidad de caracteres y de destinos dentro de un único mundo objetivo a la luz de la unitaria conciencia del autor, sino que se combina *precisamente la pluralidad de las conciencias autónomas con sus mundos correspondientes*, formando la unidad de un determinado acontecimiento y conservando su carácter inconfundible. Los héroes principales de Dostoyevski, efectivamente, son, según la misma intención artística del autor, *no solo objetos de su discurso, sino sujetos de*

---

85. Como por ejemplo la edición de su monumental obra sobre Rabelais: Mijaíl Bajtín, *Rabelais y su Mundo*, Barral, Barcelona 1974.

dicho discurso con significado directo. Por eso la palabra del héroe no se agota en absoluto por su función caracterológica y pragmático-argumental común, aunque tampoco representa la expresión de la propia posición ideológica del autor (como, por ejemplo, en Byron). La conciencia del héroe aparece como otra, como una conciencia ajena, pero al mismo tiempo tampoco se vuelve objetual, no se cierra, no viene a ser el simple objeto de la del autor. En este sentido, en Dostoyevski la imagen del héroe no es la imagen objetual normal de la novela tradicional"[86].

Así, mientras hasta entonces en las novelas monofónicas, según las denomina Bajtín, el discurso de cada personaje literario era portavoz del discurso del autor, en Dostoyevski la arquitectura del relato se recompone de raíz y cada voz adquiere su autonomía, desprendiéndose de las preferencias estéticas, políticas y filosóficas del autor.

De esta técnica polifónica se deriva, entre otras cosas, la atmósfera aparentemente caótica de sus obras, que, sin embargo, no debe entenderse como una desventaja narrativa, sino como un componente esencial de su creación artística. En ningún caso hay que imaginar el tumulto de una multitud reunida al azar, sino que más bien hay que tener en mente el lienzo de un pintor hábil en el que las mezclas de colores y matices están al servicio, cada uno por separado y al mismo tiempo entremezclados, de un propósito estético. Según Leonid Grossman: "El principio básico de su composición novelesca es el siguiente: subordinar elementos narrativos diametralmente incompatibles a la unidad de la revisión filosófica en un torbellino de movimiento y acontecimientos. Entretejer confesiones filosóficas y actos criminales en su obra artística, encerrar en el mito de la novela barata el drama religioso y conducirlo a través de todas

---

86. BAJTÍN 2005: 15.

las aventuras de una narración episódica hasta las revelaciones de un nuevo misterio. A pesar de las tradiciones de una estética antigua, que requiere proporción de material y elaboración y presupone unidad y –en todo caso– homogeneidad y afinidad entre los elementos estructurales de una obra determinada, Dostoyevski reconcilia lo irreconciliable [...] Arroja audazmente en su crisol elementos lo más nuevos posible, creyendo y sabiendo que se fundirán en el fuego de su creación y se unirán en una nueva entidad todas las astillas secas de la cotidianidad, de los momentos conmovedores de las novelas baratas y de las páginas divinamente inspiradas de los textos sagrados, profundamente marcadas por su estilo y tono personal"[87].

Por lo tanto, cualquiera que intente juzgar a Dostoyevski sobre la base de su ideología –esa 'injusticia de la lectura cristiana' de la que hemos hablado– errará: la ideología de Dostoyevski simplemente está en igualdad de condiciones que decenas incluidas en las novelas. Esto llevó a Otto Kaus a señalar con razón que "no hay un solo autor que hubiese concentrado tantos conceptos contradictorios y mutuamente excluyentes, tantos juicios y valoraciones opuestos como él; pero lo más relevante consiste en que sus obras parecen justificar los puntos de vista más contradictorios y cada uno de ellos encuentra un fundamento real en sus novelas"[88]. Eso también explica el hecho de que Dostoyevski como escritor guste a la gente más diversa y pueda fascinar en buena medida incluso a personas cuyos mundos ideológicos no tienen nada en común. Dostoyevski, dice Otto Kaus, "es un anfitrión que se entiende perfectamente con los huéspedes más variados, que es capaz de acaparar la atención del público más heterogéneo y sabe mantener a todo

---

87. *Apud* BAJTÍN 2005: 33.
88. *Apud* BAJTÍN 2005: 33.

el mundo bajo una tensión igual. Un anticuado realista puede con todo derecho admirar los cuadros de trabajos forzados, de las calles y plazas de San Petersburgo y de las arbitrariedades del régimen autocrático, mientras que un místico con igual derecho puede disfrutar de la comunicación con Aliosha, con el príncipe Myshkin y con Iván Karamázov visitado por el diablo. Los utopistas de todos matices encontrarán su alegría en los sueños del 'hombre ridiculo' de Versílov o de Stavroguin, las personas religiosas reforzarán su espíritu con aquella lucha por Dios librada en estas novelas tanto por los santos como por los pecadores. La salud y la fuerza, el pesimismo radical y la ardiente fe en la expiación, la sed de vida y la sed de muerte, todo esto lucha allí sin resolver jamás el conflicto. [...] Dostoyevski posee muchas facetas y es imprevisible en todos los movimientos de su pensamiento artístico; sus obras están saturadas de faenas e intenciones que parecen estar separadas por abismos infranqueables"[89].

Por lo tanto, bajo el prisma de la polifonía, vale la pena ver lo que significan las ideas y la novela de ideas (que no una novela ideológica) según Bajtín: "Dostoyevski no conoce 'ideas entre sí' al estilo de Platón, o un 'ser ideal' fenomenológico; no los contempla ni los representa. Para él no existen ideas, pensamientos, postulados que no pertenezcan a nadie, que sean 'ideas en sí' [...] La conciencia en su mundo no se da en el sentido de su formación y crecimiento, es decir, no de un modo histórico, sino *junto a* las otras conciencias; no puede por eso concentrarse en sí misma [...] y entra en interacción con otras conciencias"[90]. En Dostoyevski la conciencia es siempre conciencia-en-relación-con-alguna-otra-conciencia, generalmente en una relación tensa y 'polémica'.

---

89. *Apud* BAJTÍN 2005: 33-34.

90. *Apud* BAJTÍN 2005: 53-54.

De ahí derivan la enorme importancia del diálogo y del conflicto en sus obras y las numerosas parejas de personajes. Como dice Bajtín, "cada opinión pareciera convertirse en un ser vivo y se expusiera por una viva voz humana". Viviendo en una época de transiciones y cambios rápidos, habiendo pasado él mismo por varias fases ideológicas, gracias a su genio artístico logró lo que habría imaginado imposible: encerrar, recrear y dar énfasis en su obra a todas las fuerzas contradictorias que chocaban y vibraban a su alrededor, el mundo que moría y el que nacía, sin incurrir en un relato monofónico más, como hacían hasta entonces los novelistas. Y además Dostoyevski –impulsado tal vez por su viraje personal– no se contenta simplemente con describir esas contradicciones que presenta cualquier conciencia como contradicciones de un ser humano, sino que crea dos personajes para dramatizar aún más la paradoja. Puede que él mismo como persona fuera –al igual que todos, por otra parte– cautivo de las pasiones de su tiempo, pero logró que su obra fuese algo mucho más amplio.

Por tanto, basándonos en lo que hemos mencionado anteriormente y antes de volver a la novela de Dostoyevski, deberíamos tomar prestada de Bajtín una conclusión clave que él formula y que concierne al meollo de nuestro propio estudio. Bajtín sostiene que, por paradójico que parezca, habría que hacer una distinción entre 'dostoyevskismo' y 'Dostoyevski': "el 'dostoyevskismo' es un extracto reaccionario y *estrictamente* monológico de la polifonía de Dostoyevski. Siempre se encierra en los límites de una sola conciencia, la escarba, crea un culto al desdoblamiento de una personalidad *aislada*. Lo principal en la polifonía de Dostoyevski consiste precisamente en el hecho de que todo tiene lugar *entre conciencias diversas*, es decir, lo que importa es su interacción e interdependencia. No hay que aprender de Raskólnikov ni de Sonia, ni de Iván Karamázov o Zósimo, separando sus voces de la totalidad polifónica de las novelas (y, por lo mismo, tergiversándolas); hay que aprender del mismo Dostoyevski como creador de la novela polifónica"[91].

Por consiguiente, teniendo en cuenta que la creación artística no debe desligarse de los análisis sociohistóricos, pero tampoco perderse en ellos, hagamos una última observación antes de volver a la novela.

Hemos visto *grosso modo* en qué consiste la técnica polifónica. Un segundo elemento del taller de escritura de Dostoyevski que hay que tener en cuenta es la forma en que maneja los cuatro elementos siguientes: realidad / ficción / personas reales / personajes imaginarios. Sugiero que imaginemos un rombo en cuyos cuatro vértices se encuentran esos cuatro elementos y todos se comunican e interactúan entre sí.

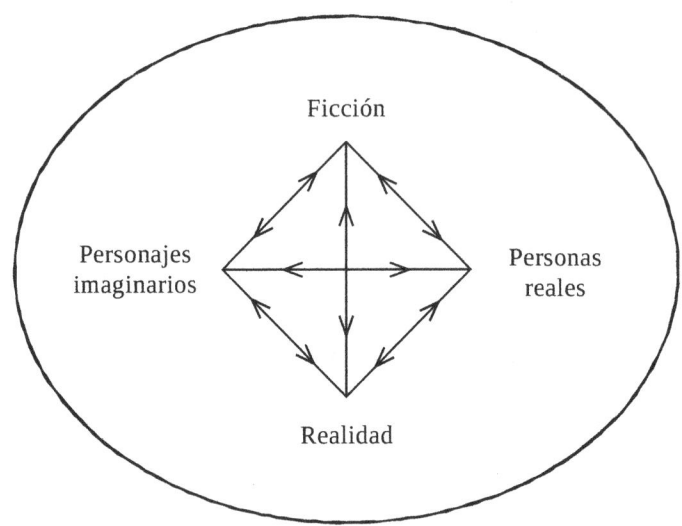

91. *Apud* BAJTÍN 2005: 60.

La parte superior es la ficción. Eso es lo principal también: la literatura es ante todo ficción. La parte de abajo, sus cimientos, es la realidad de la que el autor bebe y en la que se inspira. A derecha e izquierda tenemos los otros dos vértices, con las personas reales y los personajes imaginarios. Hay que figurarse todo esto interactuando en todas direcciones, a medida que Dostoyevski vierte sus ingredientes en la olla literaria con habilidad única[92].

Los personajes y la trama – La narrativa polifónica a través de un ejemplo: Stepán Trofímovich Verjovenski

Aclarado todo lo anterior, podemos volver al libro arrojando nueva luz sobre los personajes, las ideas que representan y los elementos de la trama. A medida que la sigamos en detalle, la técnica de Dostoyevski quedará absolutamente clara, tanto en cuanto a la narración polifónica como en el esquema que acabamos de presentar.

La novela comienza con una presentación de Stepán Trofímovich Verjovenski, en torno al que se ha reunido un círculo de personas que los rumores que circulan en la tediosa provincia en que vive describen como un "semillero de librepensamiento, depravación y ateísmo", pero en realidad los participantes departían "con la ingenua, simpática y alegre palabrería liberal, típicamente rusa. El más 'elevado liberalismo' y los más

---

92. Atención: los elementos incluidos en el círculo *no* contienen la técnica polifónica. Solo es una manera que sugiero para que el lector tenga en su mente cómo elabora Dostoyevski el material de sus relatos.

'elevados liberales', es decir, los liberales sin ninguna meta, solo son posibles en Rusia"[93].

Como ya hemos dicho, para dar forma a Stepán Trofímovich Verjovenski, Dostoyevski extrae datos del escritor liberal prooccidental Timoféi Granovski. Esto lo confirma el propio Dostoyevski, quien escribe en *Diario de un escritor*: "Granovski era la persona más honesta de aquella época, intachable y excepcional. Era uno de los Stepán Trofímovich más honestos (un tipo idealista de la década de 1840, que salió de dentro en la novela *Los demonios* y que nuestros críticos aceptaron como una descripción fiel. Ya ve, me gusta Stepán Trofímovich y lo respeto profundamente"[94]. Pero independientemente de que Dostoyevski afirmase que 'le gusta Granovski y lo respeta', la novela comienza con una descripción panfletaria de Verjovenski padre, que merece ser vista por extenso, por razones que explicaremos a continuación:

"Stepán Trofímovich había desempeñado siempre entre nosotros un papel político singular, de carácter cívico, por así decir, y amaba con pasión ese papel; lo amaba hasta tal punto que era incapaz de vivir sin él. No es que pretenda yo compararlo con un actor de teatro: Dios nos libre, y más teniendo en cuenta lo mucho que lo respeto. Todo esto podía ser consecuencia de su costumbre o, mejor dicho, de una continua y noble inclinación, ya desde niño, a recrearse en sus sueños de ocupar una opinión llamativa en la sociedad. Le fascinaba, por ejemplo, su condición de 'perseguido' y, digámoslo así, de 'desterrado'. En estas dos palabras había una suerte de brillo clásico que lo había deslumbrado de una

---

93. DOSTOYEVSKI 2016: 47 y 48.
94. *Apud* GROSSMAN 2010: 545.

vez y para siempre, y que, elevándolo gradualmente, a lo largo de los años, en la opinión que tenía de sí mismo, acabó situándolo en un eminente pedestal, muy lisonjero para su amor propio. Hay una novela satírica inglesa del siglo pasado, en la que un tal Gulliver, al regresar del país de los liliputienses, que apenas levantaban cinco centímetros del suelo, se había habituado hasta tal punto a tenerse por un gigante estando en compañía de esa gente que, cuando paseaba por las calles de Londres, no podía evitar gritar a los peatones y a los carruajes con los que se cruzaba, diciéndoles que tuvieran cuidado y se apartaran de él, no fuera a aplastarlos, pensando que todavía era un gigante y los demás unos enanos. Por ese motivo se reían de él y lo insultaban, y los cocheros más soeces hasta fustigaban al gigantón con sus látigos. Pero ¿tenían razón al actuar así?

La costumbre estuvo a punto de llevar a Stepán Trofímovich a tales extremos, pero de un modo aún más inocente e inocuo, por así decir, por tratarse de un hombre exquisito.

Yo diría incluso que hacia el final de sus días todo el mundo, y en todas partes, acabó olvidándose de él, pero eso no significa que anteriormente fuera un desconocido. Es indudable que en una época formó parte de la pléyade de las más ilustres personalidades de la generación precedente, y en un tiempo –a decir verdad, solo por un brevísimo instante– se lanzaban a pronunciar su nombre casi a la par, casi al mismo nivel que Chadáyev, Belinski, Granovski o Herzen, que por entonces empezaba a despuntar en el extranjero. Pero la actividad de Stepán Trofímovich concluyó en el mismo instante en que había comenzado, en medio de un 'torbellino de circunstancias concurrentes', por así decir. ¡Quién lo diría! Más tarde se ha podido ver que, al menos a este respecto, no solo no existió tal 'torbellino', sino tales 'circunstancias' siquiera. Solo muy recientemente, hace apenas unos días, he llegado a saber, para gran asombro mío, pero de manera inequívoca, que Stepán Trofímovich no estuvo residiendo entre nosotros, en nuestra provincia, en calidad de desterrado, como pensaba todo el mundo, sino que ni siquiera estuvo nunca sometido a vigilancia policial. ¡He aquí una prueba de la tremenda fuerza de la imaginación! Él mismo creyó sinceramente toda su vida que en determinadas esferas recelaron siempre de él, que en todo momento vigilaban y controlaban sus pasos, y que los tres gobernadores que se han sucedido en los últimos veinte años en nuestra provincia, traían ya, al ocupar el cargo, una idea preconcebida de él de tintes alarmantes e inspirada por sus superiores en el momento de nombrarlos. Si alguien, presentándole pruebas irrefutables, hubiera demostrado entonces al muy respetable Stepán Trofímovich que no tenía nada que temer, este se habría sentido necesariamente ofendido. Pero, por lo demás, Stepán Trofímovich era un hombre muy inteligente, un hombre de lo más dotado, podría decirse incluso que era un hombre de ciencia, aunque en lo tocante a las ciencias... en fin, en el campo de las ciencias no es que hubiera hecho mucho, es más, yo diría que no había hecho nada de nada. Pero por lo que respecta a los hombres de ciencia, eso es algo de lo más normal en esta Rusia nuestra"[95].

Este largo fragmento es un excelente indicador de la forma en que Dostoyevski trabaja la novela: cita nombres reales (Chadáyev, Herzen, Belinski) para cartografiar el bando que pretende atacar. Menciona a Granovski por su nombre e incluso más adelante atribuye a Stepán Verjovenski un suceso real de la

---

95. DOSTOYEVSKI 2016: 17-19.

vida de Granovski, a saber, que se ganó enemigos en el campo eslavófilo por un tratado que había escrito. Además, lo sitúa regresando a Rusia en 1850, es decir, inmediatamente después de las revoluciones de 1848 en Europa, trayendo consigo el espíritu liberal de aquellos acontecimientos. Por último, habla de un rumor que supuestamente circula sobre Stepán Trofímovich: "Ignoro si sería verdad, pero el caso es que por aquellos mismos días fue descubierta en San Petersburgo una vasta organización antinatural y subversiva, integrada por unos trece individuos, que no estuvo lejos de sacudir los cimientos del edificio social. Decían que se reunían para traducir al mismísimo Fourier"[96]. Seguramente aquí se alude al círculo de Petrashevski, del que el propio Dostoyevski fue componente, como hemos visto, cuyos trece miembros fueron condenados, así como a las acusaciones pertinentes, cuando fueron llevados a juicio, de actos subversivos contra el Estado y de traducción de obras de Fourier con intención de editarlas en la imprenta clandestina de la organización.

Dostoyevski no duda en engalanar su novela con referencias de actualidad para que los lectores de la época tengan claro ante sus ojos todo el entramado de personajes, ideas, circunstancias: por ejemplo, Stepán Trofímovich Verjovenski aparece en un momento determinado leyendo el periódico radical *Kolokol* [Campana], editado por Herzen, exiliado en Londres, al tiempo que no deja de referirse a episodios de las disputas ideológicas del momento en los círculos literarios, que no solo seguía de cerca, sino que considera que deben ser incorporadas a su novela. Por ejemplo, en cierto momento Stepán Verjovenski se refiere a la carta de Belinski a Gógol[97]: "En 1847 Belinski, que estaba en el extranjero, le envió a Gógol su célebre carta, en la

___

96. DOSTOYEVSKI 2016: 20.
97. BELINSKI 2010.

que le reprochaba vivamente su creencia en Dios. *Entre nous soit dit,* no puedo imaginarme nada más cómico que el momento en que Gógol (¡el Gógol de entonces!) leyó esta frase y... ¡toda la carta!"[98].

Este pasaje es significativo no solo porque, como en otros casos, Dostoyevski ejerce casi de periodista (el suceso es absolutamente real y merece que nos detengamos un poco más en él), sino porque resume una parte importante de la lucha ideológica que tenía lugar en aquella época en Rusia y es un componente importante de *Los demonios,* por lo que vale la pena detenerse un poco más en este punto.

Belinski escribió elogios de Gógol reiteradamente. Ya en 1835, y cuando el crítico ruso solo tenía veinticuatro años, señaló que Gógol "es un poeta, un poeta de la vida real [...] que ni halaga la vida ni la calumnia: está dispuesto a mostrar todo lo bello y humano que hay en ella, pero al mismo tiempo no oculta en absoluto su fealdad". Aunque ya había expresado su aprecio varias veces, la edición en 1842 del primer volumen de *Almas muertas* de Gógol[99] –donde, entre otras cosas, Gógol fue el primero en atreverse en introducir en la literatura rusa un 'héroe negativo', en el personaje de Chíchikov– fue considerada por Belinski un logro aún mayor, la obra más brillante de su creación artística y un hito para la literatura rusa: "Con *Almas muertas* Gógol ha dado un paso tan grande hacia adelante que, en comparación con él, todo lo que se había escrito anteriormente parece flojo y ordinario. El autor debe su gran éxito y progreso a su subjetividad, que se siente por todas partes y es literalmente palpable en *Almas muertas*. Al decir esto no nos referimos a esa

---

98. DOSTOYEVSKI 2016: 53.

99. En español hay traducciones de A. Vidal Roget (Alianza Editorial 2011), de A. Hermosillo (Cátedra 2015), de P. Piedras (Akal 2009), de J. Laín Entralgo (Planeta 2013), de M. Rebón (Nórdica 2017).

subjetividad que con carácter decidido y unilateral distorsiona la realidad objetiva y la interpretación objetiva de todo lo que el autor describe, sino esa subjetividad profunda y humana que todo lo abarca, que en el artista nos revela al hombre de corazón cálido, de alma compasiva e intelectualmente independiente; esa subjetividad que no le permite afrontar el mundo que crea como un extraño y con apática impasibilidad, pero que hace pasar por su alma viviente los fenómenos del mundo exterior para que reciban un soplo vivificante"[100].

Sin embargo, a pesar de los elogios que con cualquier pretexto escribía sobre Gógol, Belinski no dudó en atacarlo sin piedad cuando, en sus últimos años, el gran escritor ruso dio un viraje conservador, prueba irrefutable de que para Belinski la crítica era cuestión de vida o muerte y estaba por encima de la amistad, la simpatía o cualquier otro sentimiento personal.

En los últimos años de su vida Gógol atravesó un intenso período de crisis espiritual, se convirtió al cristianismo y, bajo la influencia del sacerdote Konstantinovski, repudia sus escritos anteriores, que considera pecaminosos, quema tres veces los manuscritos del segundo volumen de *Almas muertas* arrepentido por la imagen negativa de Rusia que había dado en el primer volumen y considera pecado la actividad artística en general[101]. En 1847, como colofón de ese viraje, publica *Pasajes escogidos de la correspondencia con los amigos*, obra en que defiende la servidumbre y el autoritarismo del poder zarista y de la iglesia

---

100. Visarión Belinski, Εκλογή από το έργο του [Obra selecta], trad. Y. Vrijorópulos, Difros, 1958, pág. 66.

101. Hoy tenemos incompleto el volumen dos, que no se parece en nada a la obra maestra del primer volumen. Aunque el libro no está terminado y por tanto no puede ser juzgado con rigor, es evidente que se trata de un batiburrillo de capítulos inacabados, de 'integridad edificante' y de exaltación nacionalista, desprovistos de todo mérito artístico.

ortodoxa rusa, al tiempo que se desliza hacia un nacionalismo crudo y muestra intolerancia hacia otros pueblos. Belinski se encuentra en ese momento en el extranjero para curarse de la tuberculosis y, libre del miedo a la censura, escribe indignado su texto más apasionado, una punzante *Carta a Nikolái Gógol*, texto que Herzen, que lo publicó en la revista que editaba en el exilio en Inglaterra[102], calificó como el testamento espiritual de Belinski.

Nadie debe "quedarse callado cuando la mentira y la indecencia se proclaman como verdad y virtud bajo la protección de la religión y el amparo del látigo", dice Belinski, y atribuye la turbación del juicio de Gógol al hecho de que estuvo ausente de Rusia durante años y, desde la "maravillosa lejanía" en la que se encuentra, se ha alejado de la realidad rusa. Entonces, en lugar de ver Gógol la Rusia corrupta, un país lleno de "ladrones y saqueadores de todo tipo" que presenta una "visión repugnante", en cambio él, "un gran escritor que, con sus maravillosas obras de arte, profundamente verdaderas, tan poderosamente ha creado la autoconciencia de Rusia, [...] aparece con un libro en el que enseña al bárbaro terrateniente a sacar aún más dinero de los campesinos, injuriando sus 'jetas sin lavar', en nombre de Cristo y de la Iglesia. [...] Ni aunque hubiese cometido un atentado contra mí, no lo habría odiado más que por estos vergonzosos renglones [...]. Predicador del látigo, apóstol de la ignorancia, partidario del oscurantismo, panegirista de los modos de vida tártaros, ¿qué hace? Eche una mirada bajo sus pies: está al borde de un abismo..."[103].

---

102. La carta fue escrita en julio de 1847, circuló clandestinamente en Rusia y se publicó en la revista *Estrella Polar* unos años más tarde, en 1855. No se ha conservado el original ruso.

103. BELINSKI 2010.

Pero Belinski no se detiene solo en las cuestiones de contenido, además imputa a Gógol un propósito interesado al abordar el antiguo problema de las transacciones de los artistas con el poder. El panegírico de Gógol al régimen zarista, el himno a los gobernantes es interesado, afirma Belinski, a cuyos oídos había llegado el rumor de que Gógol había cobrado dinero del zar Nicolás I. En ese declive moral hay que señalar que él –uno de los más grandes escritores de Rusia– no duda en afirmar que es incluso perjudicial e inmoral que la gente corriente aprenda a leer y escribir.

Así pues, Dostoyevski no hace referencia a la *Carta de Belinski* por casualidad, sino que la invoca porque está en el centro de la cuestión que le preocupa: la controversia entre eslavófilos y occidentalizantes. Este conflicto es el trasfondo permanente de la trama novelesca de *Los demonios*.

Activando la técnica polifónica de la que hemos hablado más arriba, cita un ilustrativo diálogo entre Stepán Trofímovich Verjovenski y Shátov. Stepán Verjovenski toma la palabra y arremete contra los eslavófilos:

"Amigos míos, nuestro nacionalismo, si es que de verdad ya 'ha nacido', como proclaman ahora los periódicos, aún va a la escuela, [...] tiene delante un manual alemán, repite su eterna lección de alemán y su maestro alemán lo pone de rodillas cada vez que le parece oportuno. Solo tengo palabras de elogio para el maestro alemán, pero lo más probable es que no haya pasado nada y que no haya nacido nada de eso, y que todo siga igual que antes, como Dios quiere. En mi opinión, eso debería ser suficiente para Rusia, *pour notre sainte Russie*. Además, todo ese paneslavismo, todos esos nacionalismos, es algo ya demasiado viejo para ser nuevo. El nacionalismo, si me permiten, nunca ha existido entre nosotros sino como pasatiempo de un club de señoritos de club moscovita, para más señas. […] En última instancia, no es más que un producto de la ociosidad. Aquí todo es producto de la ociosidad, todo lo que es bueno y hermoso. ¡Todo obedece a la ociosidad encantadora, educada, caprichosa de nuestros señores!"[104].

Shátov (por cuya boca, digámoslo de antemano, habla principalmente el propio Dostoyevski en el universo polifónico de la novela), que ya ha escuchado el reproche de que "Shátov cree en Dios *a la fuerza* como moscovita eslavófilo", se compromete a responder al filólogo occidentalizante Stepán Verjovenski[105]. Después de haber escuchado durante mucho tiempo a Stepán Verjovenski, tras sus declaraciones sobre Belinski y Gógol, estalla:

"¡Esa gente de la que habla no amaba al pueblo, no sufría por él y no sacrificó nada de nada, por mucho que así se lo creyeran a modo de consuelo![...] ¡Ni a Rusia ni al pueblo! –rugió también Shátov, con los ojos centelleantes–. ¡No es posible amar lo que no se conoce, y no sabían nada del pueblo ruso! Todos ellos, y también usted, miraban al pueblo ruso sin fijarse en nada, y Belinski el primero; su misma carta a Gógol lo demuestra. Belinski, como le pasaba al curioso de Krylov, no se dio cuenta de que había un elefante y concentró su atención en unos bichitos socialistas franceses, y de ahí no pasó. ¡Y eso que seguramente era más inteligente que cualquiera de ustedes! Ustedes no solo han pasado por alto al pueblo, ustedes lo han tratado

---

104. DOSTOYEVSKI 2016: 51.

105. Se refiere claramente a las dudas del propio Dostoyevski (su fe pasó por la fragua de la duda), pero también a la frase «si no hay dios, todo está permitido».

con un desprecio repugnante, aunque solo fuera porque no concebían otro pueblo que no fuera el francés, el parisino más bien, y se avergonzaban de que el pueblo ruso no fuera igual. ¡Esa es la pura verdad! Y ¡quien no tiene pueblo no tiene Dios!"[106].

Para Shátov, el ateísmo ruso es básicamente una broma, un reproche sobre seguro, cuyos agentes serían los primeros en sentirse descontentos si Rusia lograra reagruparse según sus propias expectativas, porque entonces "no tendrían a nadie a quien odiar, a nadie a quien maldecir, de qué burlarse"[107].

Sin embargo, Dostoyevski, es absolutamente justo en su técnica polifónica. Poco más adelante, por boca de Verjovenski padre, no duda en criticarse a sí mismo en lo sustancial. Hablando nuevamente de Shátov, Stepán Verjovenski confirma: "En mi opinión, este hombre ha cambiado de un modo demasiado drástico sus ideas anteriores, acaso demasiado juveniles, pero en todo caso justas. Y ahora se desgañita hablando de *notre sainte Russie*, hasta tal punto que hace tiempo vengo atribuyendo esa crisis orgánica a alguna violenta conmoción familiar"[108], y seguramente nos viene a la mente el brusco viraje del propio Dostoyevski en el campo de trabajos forzados del que ya hemos hablado.

Visto un primer ejemplo ilustrativo de las múltiples voces y cómo se articulan estas en la novela de ideas de Dostoyevski, podemos volver a los personajes de la obra.

---

106. DOSTOYEVSKI 2016: 53-54.

107. DOSTOYEVSKI 2016: 101.

108. DOSTOYEVSKI 2016: 116.

Piotr Stepánovich Verjovenski - El hijo
(el Nechávev de Dostoyevski)

Aparte de Verjovenski padre, los otros dos personajes principales son su hijo, Piotr Stepánovich, y, por supuesto, Stavroguin, hijo de la protectora de Stepán –Varvara Petrovna–, de quien Verjovenski padre había sido profesor en su juventud. Stepán Verjovenski, por lo tanto, es el progenitor de los Demonios, bien como padre biológico de Piotr Stepánovich o bien como profesor y educador de Stavroguin. Como sucede habitualmente, por supuesto, la generación más joven sale más revolucionaria y más radical que la primera y si Verjovenski padre y su generación se conformaban solo con declaraciones liberales prooccidentales, los más jóvenes están decididos a seguir un camino aún más extremo.

Podemos decir que Piotr Stepánovich Verjovenski es el más Demonio de los Demonios. El apellido elegido por Dostoyevski no es casual. 'Verjovenski' tiene una aliteración especial. *Verh* en ruso significa cima, altura, el punto más alto, el derivado *verjovenstvo* significa soberanía, autoridad superior[109]. En resumen, Verjovenski es quien domina a los demás, quien quiere dominar a quienes están por debajo de él.

Hemos dicho que el caso Nechávev y el revuelo que provocó en los periódicos de la época fueron el pretexto para escribir *Los demonios*. Por tanto, Piotr Verjovenski es el personaje que se asienta sobre la persona real del revolucionario Serguéi Nechávev. Incluso la descripción externa es similar: "No podía decirse que fuera feo, pero a nadie le resultó agradable su cara. Tenía la cabeza alargada hacia la parte de la nuca y como aplastada por los lados, dándole un aspecto afilado a su rostro. La frente

---

109. BRAUN 2010: 292.

era alta y estrecha; tenía ojos rasgados, nariz pequeña y estrecha, labios largos y finos. Su expresión, en apariencia, era enfermiza, pero eso no era más que una apariencia. Tenía unas arrugas resecas en las mejillas y en torno a los pómulos, lo que le daba un aspecto como de convaleciente tras una penosa enfermedad"[110].

Piotr Stepánovich no duda en presentarse ante el resto de los protagonistas como lo que se supone que es: "Cuando venía hacia aquí, quiero decir, en general, a esta ciudad, hace diez días, decidí, desde luego, adoptar un papel. Habría sido mucho mejor no tener que adoptarlo, presentarme con mi verdadera personalidad, ¿no es así? Nada hay más engañoso que la verdadera personalidad de uno, porque nadie cree en ella"[111]. Sin embargo, el 'más demonio de todos los demonios' no podía tener intenciones ingenuas. Cuando habla con Stavroguin es claro: su objetivo en todo el asunto es "el entramado [...]: lo tenía atrapado y quería comprometerlo. Quería averiguar, sobre todo, hasta qué punto estaba usted asustado"[112]. Ciertamente, la afirmación anterior remite explícitamente a la relación de manipulación que se desarrolló entre Necháyev y Bakunin por parte del primero[113].

En las páginas siguientes de la novela es fácil para el lector familiarizado distinguir muchos elementos del 'espíritu Necháyev': amoralidad revolucionaria, entrega absoluta a la 'Causa' (Dostoyevski utiliza con precisión la palabra de los revolucio-

---

110. DOSTOYEVSKI 2016: 209.

111. DOSTOYEVSKI 2016: 253.

112. DOSTOYEVSKI 2016: 255. Ilustrativa del 'poder demoníaco' de Piotr Verjovenski es también una de las notas preparatorias de Dostoyevski mientras trabajaba en la novela. Al hacer el perfil de Verjovenski hijo, escribe: "Dadme solo un cuarto de hora para hablar con la gente sin censura y veréis a dónde me seguirá inmediatamente" (DOSTOYEVSKI 2014: vol. I 379-380).

113. Sobre la turbulenta relación Bakunin-Necháyev, la colaboración inicial y la posterior ruptura, véase BAKUNIN-NECHÁYEV 2004.

narios de la época cuando se referían a la 'revolución'), obediencia ciega de los miembros a la dirección, relaciones con los bajos fondos delictivos, cuyos componentes pueden ser utilizados para propósitos revolucionarios... No es exagerado decir que hay páginas de *Los Demonios*, especialmente donde se registran la vida y milagros de Piotr Verjovenski, que son como leer una versión dramatizada de *El catecismo del revolucionario*, largos extractos del cual publicaban durante el juicio los periódicos de la época, como ya se ha mencionado.

Pondremos un ejemplo al respecto para que este sustrato quede claro incluso a los lectores que no estén familiarizados con los textos de Nechávev. Hemos visto que Verjovenski padre representa a la vieja generación de intelectuales liberales progresistas de la época y el hijo a la segunda, los revolucionarios. Por tanto, se considera que Verjovenski proyectaba "hacer algo con su padre [...], contaba con llevar al viejo a la desesperación e involucrarlo de ese modo en algún escándalo público"[114]. Se cuenta que Piotr Stepánovich tiene planes similares para hacer caer en la trampa a quienes quieren halagar a la juventud haciéndose pasar por liberales. Ciertamente es como leer pasajes de *El catecismo del revolucionario*: "La cuarta categoría es la de aquellos trepadores ambiciosos y liberales de diversos matices. Puedes conspirar junto con ellos, pretendiendo que les sigas ciegamente; pero a la vez debes ponerlos bajo control, conocer todos sus secretos, comprometerlos al máximo..., de tal modo que ellos mismos ensucien y corrompan el Estado con sus propias manos"[115]. Pero el objetivo final, tanto para Nechávev como para Piotr Verjovenski, es claramente revolucionario: "Vamos a

---

114. DOSTOYEVSKI 2016: 351.

115. BAKUNIN-NECHÁYEV 2014: &19. También https://archive.ph/20121127170011/anarcofago.blogspot.com/2005/11/catecismo-del-revolucionario-sergei.html#selection-2153.26-2170.0

provocar desórdenes. [...] Habrá tal confusión que todo se conmoverá en sus cimientos"[116].

En *Los demonios* todo un círculo de personas, que se afanan en hacerse pasar por liberales y progresistas, cae ahora en la trampa bien montada de Piotr Verjovenski. La esposa del gobernador lo disculpa diciendo que "en este muchacho hay aún muchos resabios de librepensador [...]. Hay que saber valorar a nuestra juventud; tratándolos con afecto"[117]. El gobernador Von Lembke le insta con afecto paternal: "Vayan por delante, progresen, incluso pueden derribar lo que está viejo, lo que necesita ser rehecho; pero nosotros, cuando sea preciso, les marcaremos los límites necesarios y de ese modo les salvaremos de sí mismos, pues sin nosotros harían tambalearse a Rusia. [...] Dese cuenta de que ustedes y nosotros nos necesitamos mutuamente"[118].

Los ecos de *El catecismo del revolucionario* se encuentran dispersos en *Los demonios*. Bien cuando habla Verjovenski de la necesidad de provocar disturbios, bien cuando dice que se permiten la calumnia y el asesinato por 'la Causa' o bien cuando dice que los miembros de los núcleos no se pertenecen a sí mismos ("Cada uno pertenece a todos y todos a cada uno. Todos son esclavos e iguales en la esclavitud", "Obediencia completa, falta completa de la identidad"[119]), todo recuerda el *Catecismo*: "El revolucionario es un hombre que ha sacrificado su vida. No tiene negocios ni asuntos personales, ni sentimientos ni ataduras; ni propiedades, ni siquiera un nombre"[120].

---

116. DOSTOYEVSKI 2016: 472.
117. DOSTOYEVSKI 2016: 357.
118. DOSTOYEVSKI 2016: 359.
119. DOSTOYEVSKI 2016: 473-474.
120. BAKUNIN-NECHÁYEV 2014: &1.

Sin embargo, Dostoyevski no descuida las 'obligaciones' que se derivan de su técnica polifónica. El punto de vista 'opuesto', la encendida lógica revolucionaria de Verjovenski/ Necháyev debe ser escuchada por igual. En el ameno capítulo de la reunión de 'los Nuestros', del pequeño núcleo de conspiradores formado por Verjovenski –habiendo sido precedido anteriormente por una de esas espléndidas escenas carnavalescas en que sobre el supuesto fervor revolucionario de Shigaliov (aquel hombre de rostro triste, hosco y melancólico que creía poder predecir exactamente incluso el momento en que se produciría la revolución[121]), que desarrolla su plan para corregir el mundo, pide unas tijeras para cortarse las uñas–, cansado de la verborrea de los oradores anteriores, toma la palabra: "Ya les digo, señores, que necesito una respuesta directa. Soy muy consciente de que, una vez que he venido y habiéndoles reunido en este lugar, les debo una explicación –otra inesperada revelación–, pero no puedo hacerlo sin conocer antes cuál es su punto de vista. Dejémonos de chácharas, porque no podemos seguir parloteando otros treinta años como hemos estado parloteando hasta hoy; quiero preguntarles qué prefieren, si la vía más lenta, que consiste en la relación de novelas sociales y en la resolución sobre el papel de los destinos de la humanidad a mil años vista, en tanto que el despotismo engulle bocados suculentos que les caen a ustedes en la boca y que dejan escapar; o si apoyan la vía más rápida cualquiera que sea, que al fin les dejará las manos libres y dará a la humanidad un amplio margen para organizarse socialmente por sí misma, y ya no solo sobre el papel, sino en la práctica [...] Dense cuenta, además, de que un enfermo incurable no va a sanar en ningún caso, por muchas recetas que se le prescriban en un papel. [...] Estoy totalmente de acuerdo en que es

---

121. DOSTOYEVSKI 2016: 161.

muy grato parlotear con elocuencia y en tono liberal, mientras que la acción ya es más arriesgada..."[122]. Una vez más, es como leer al propio Necháyev: sobre el tema en cuestión, Dostoyevski ha estudiado muy bien de qué está hablando.

Para comprender el clima de las discrepancias ideológicas de la época, vale la pena citar por extenso un documento al respecto, que ayuda a los lectores que no están familiarizados con las disputas internas del movimiento revolucionario de entonces. Necháyev escribe en un ejemplar de la revista *Comuna* editado poco tiempo antes, en 1870:

"Uno de los que quedan de la vieja generación, I. Turguénev, intentó representar algo similar a nuestro caso. Empezó a perfilar a Bazárov[123], pero cuando llegó a insinuar incluso algunos de nuestros rasgos todavía insustanciales, quedó tan horrorizado ante la imagen que salía de su pluma que se apresuró a terminar su novela. Esta figura mate, apenas descrita, Bazárov, contiene, sin embargo, algunas características de nuestra generación, características que la gente del pasado podía comprender.

En uno de sus artículos en *Estrella Polar*[124], otro, A. Herzen, intenta encontrar el vínculo entre Bazárov, Pechorin y Rudin[125], o, mejor, entre la generación que ahora emerge en el escenario de la vida rusa y la suya propia. Pero su esfuerzo no dio frutos porque entre ellos y nosotros no hay nada

---

122. DOSTOYEVSKI 2016: 462-463.

123. Protagonista de *Padres e hijos,* el libro de Turguénev.

124. Se trata del artículo "Otra vez Bazárov", publicado en el último número de la revista en 1869.

125. Protagonistas respectivos del libro de Lermóntov *Un héroe de nuestro tiempo* (trad. R. Rodríguez Pavía, Icaria, 1979; trad. L. Abollado, Nórdica 2007) y de la novela homónima de Turguénev (trad. J. García Gabaldón, Alba, 2014).

en común, nada que conecte, más allá de palabras como socialismo, revolución, etc., que, sin embargo, nosotros entendemos de manera muy diferente que ellos.

La generación a la que pertenece Herzen es el último fenómeno completo de aristocracia tendente al liberalismo. Su radicalismo teórico fue una flor nocturna que creció severamente en la temperatura artificial de una vida cómoda y se marchitó rápidamente al primer contacto con el aire común y real de la acción práctica.

Ellos criticaban y ridiculizaban el orden existente con la cáustica habilidad de los salones y un sofisticado lenguaje poético. Solo les interesaba el procedimiento de la crítica en sí. Y estaban satisfechos con el papel que estaban desempeñando.

Hasta ahora, la prédica política en Rusia podía tener dos tipos de oyentes: un sector, infinitamente mayor que el segundo, constituido por aficionados que escuchaban la crítica y las burlas del orden existente como si fuese música en un buen teatro de ópera y no querían en absoluto escuchar nada positivo, como una propuesta para sustituir este sistema, ya que cualquier cambio significaría la destrucción de su propio bienestar. Tales eran casi todos los oyentes de la prédica de Herzen, que se extasiaban con la lectura de su *Kolokol* [Campana] con la misma vanidad e ineficacia con que se extasiaban con el cancán de un ballet o el aria de una cantante, a los que por una noche se les pagaba mucho más que los ingresos anuales totales de toda una aldea.

Los demás oyentes de Herzen, bastante menos en número, éramos nosotros. No teníamos tiempo de extasiarnos: nos asfixiaba la angustia del estancamiento social. Ante nuestros ojos morían de hambre nuestros hermanos; en nuestros oídos resonaban los golpes del látigo que hendían a nuestros padres y los lamentos de nuestras hermanas que eran vendidas a la perversión por sus madres por un trozo de pan. El fuego de la indignación quemaba nuestra sangre; nuestra mente buscaba la salida a otra vida. Al no escuchar nada positivo, tuvimos que dar la espalda con desaprobación a los aficionados, que encontraban en los excrementos del orden existente un nuevo estímulo de placer y se extasiaban escuchando las armoniosas palabras y viendo las imágenes de quienes describían las desgracias del pueblo, mientras disfrutaban del brío de las recitaciones y chistes livianos sobre los tiranos de la tierra rusa. Siempre nos pareció ridículo quien no supiera qué y cómo sustituir todo esto.

Cuando mostramos a estos aficionados que debería haber una correspondencia entre las palabras y la acción, inmediatamente se alejaron de nosotros o del liberalismo. La aristocracia mostró su hostilidad tan pronto como dimos nuestro primer paso práctico hacia la causa popular. Los aficionados comprendieron a qué conducía esta peligrosa diversión del liberalismo y vieron que el amor por la moda, la crítica del orden existente, era para ellos un baile extremo. Se detuvieron, retrocedieron enojados y se transformaron de liberales en conservadores. Se derramaron ríos de barro sobre todos aquellos que querían ser coherentes y aplicar el pensamiento revolucionario a través de la acción práctica"[126].

Cuando Dostoyevski hace que Piotr Verjovenski desarrolle su pensamiento revolucionario, es bastante objetivo, pero esta objetividad, creo, no se debe solo al hecho de que Dostoyevski esté al servicio de la técnica polifónica. Aunque él mismo se ha distanciado de las ideas socialistas, aunque las considera

---

126. BAKUNIN-NECHÁYEV 2021: 31-34.

perniciosas, algo de su antigua militancia parece emerger en determinados momentos de su relato. Hay elementos que demuestran que es consciente de que las ideas socialistas (que en sí mismas son buenas en cuanto a las intenciones) son cosa diferente de las personas que están a su servicio. Cuando, por ejemplo, hace decir a Verjovenski: "Soy un granuja, en realidad, no un socialista"[127], ¿qué significa tal cosa? Cuando Verjovenski, de nuevo en respuesta a un comentario de la esposa del gobernador, que dice que la idea del socialismo es grande, afirma: "Una gran idea, pero quienes la predican no son siempre colosos"[128]. O, cuando el propio Dostoyevski comenta que "no habría en cien verstas a la redonda ni un solo hombre, empezando por él mismo, que se pareciera remotamente a los futuros miembros de aquella 'república social universal y de la armonía humana'"[129], ¿cuál es el objeto de la crítica?[130]. Después de todo, ¿acaso el 'antisocialismo' de Dostoyevski no tiene tanto que ver con la idea como con algunos de los autoproclamados socialistas? Además, también hay que tener en cuenta un episodio de su vida, que señala una ambivalencia. En 1877, cuando habían pasado casi treinta años del viraje político de Dostoyevski, un periódico ruso dijo que el tipo de revolucionario ruso había degenerado al pasar de los decembristas a los miembros del grupo Petrashevski. Dostoyevski protestó públicamente, pues, por ese comentario y escribió que el grupo

---

127. DOSTOYEVSKI 2016: 476.

128. DOSTOYEVSKI 2016: 515.

129. DOSTOYEVSKI 2016: 70.

130. En el mismo sentido, Stepán Trofímovich duda cómo es posible que los autoproclamados socialistas y comunistas puedan ser tan tacaños y avariciosos y tener un sentido de propiedad tan desarrollado (DOSTOYEVSKI 2016: 96), pero nuevamente aquí tenemos una crítica a personas que invocan una idea, no a la idea en sí.

Petrashevski tenía en su seno personas serias, titulados universitarios que luego se convirtieron en científicos brillantes y que bajo ninguna circunstancia podía él aceptar semejante reproche contra ellos.

Stavroguin. El Bakunin de Dostoyevski

Ya hemos hablado de la novela *El gran pecador*, que Dostoyevski planeaba escribir antes de cambiar de rumbo y abordar *Los demonios*. Para dar forma a su protagonista fundamental, Nikolái Stavroguin, Dostoyevski toma prestado material del trabajo preliminar que había realizado para escribir *El gran pecador*. Stavroguin acarrea hasta cierto punto con los rasgos que tendría ese personaje de Dostoyevski. Sin embargo, la nueva concepción de la escritura de una novela sobre los nihilistas y el caso Necháyev que la desencadena sitúan al autor frente a problemas de ficción nuevos. Stavroguin no podría ser el gran pecador, *simplemente*. Tendría que ser algo más. Ese algo lo toma prestado Dostoyevski de la legendaria figura del anarquista Mijaíl Bakunin.

No es nada fácil resumir la vida y la personalidad de Mijaíl Bakunin en unas pocas líneas. En su caso, decir que era un ser humano de carácter tempestuoso y temperamento explosivo, una persona cuya vida remite más a un héroe literario que a un filósofo político, puede incluso parecer tópico.

No es casualidad que este hombre, el 'diablo rojo de las barricadas', como lo llamaban, inspirase ya en vida novelas como *Rudin* de Turguénev o incluso inspirase a Richard Wagner –que conoció a Bakunin en las barricadas de Dresde y quedó fascinado por su inagotable energía revolucionaria– para escribir el

Nibelungo, que según Bernard Shaw no es más que una estampa del anarquista ruso.

De hecho, en sus sesenta y dos años de vida, Bakunin tuvo una existencia que es de todo menos la vida tranquila y mesurada de un teórico que pasa las horas en bibliotecas y remite a las salas de estudios. Todo en él era exagerado y desbordante: alto, enorme, de voz atronadora, de corazón abierto, juerguista, gran bebedor y fumador empedernido, resistente al insomnio e incapaz de gestionar dinero, pero por encima de todas sus pasiones estuvo la consagración de por vida al objetivo de la Revolución. Participó en muchas insurrecciones y revoluciones de la época, fue detenido, condenado a muerte, expulsado de muchos países, vivió en prisión y en el exilio, escapó, viajó mucho —perseguido la mayor parte de las veces–, escribió aún más —aunque fuese sin la autodisciplina que necesita un escritor–, organizó sublevaciones y conspiraciones unas veces con éxito y otras con amargos fracasos, fue el horror y el terror de las policías de su tiempo, se adhirió a la Primera Internacional, se vio envuelto en intrigas y disputas, las más famosas con Marx —lo que llevó a la difamación y finalmente a la baja de Bakunin de la Primera Internacional– y con su en otro tiempo amigo Serguéi Necháyev[131]. Por lo tanto, Dostoyevski, atraído por personalidades extremas, no podría haber encontrado una mejor fuente de inspiración para una novela que trata sobre los 'nihilistas' que este volcán en erupción que atendía al nombre de Mijaíl Aleksándrovich Bakunin.

Leonid Grossman fue quien descubrió la conexión Stavroguin-Bakunin. Grossman empezó a defender esta interpretación en una conferencia de 1923 y siguió durante muchos años

---

131. Para más detalles sobre la vida y obra de Bakunin, en nuestro libro DESPINIADIS 2021: 119-135.

sosteniendo su tesis al respecto con docenas de publicaciones y libros.

En los primeros momentos posteriores a la Revolución de Octubre y en el clima general de euforia revolucionaria preponderante, en la Unión Soviética se mencionaba el nombre de Mijaíl Bakunin más bien positivamente, ya que Bakunin, aun siendo anarquista, era considerado una de las figuras importantes en el panteón de la tradición revolucionaria rusa. Por otro lado, una parte importante de los anarquistas rusos mostró –pese a las diferencias ideológicas– al menos tolerancia hacia el nuevo régimen y no faltaron quienes colaboraron con los bolcheviques[132]. Sin embargo, eso cambió enseguida. Las críticas al régimen bolchevique cada vez más intensas del lado anarquista a medida que se volvía más autoritario y se alejaba de los objetivos de la revolución, los sucesos de Kronstadt y la coyuntura abiertamente beligerante a partir de un momento en adelante entre el ejército anarquista de Majnó en Ucrania y los bolcheviques, revirtieron el clima radicalmente. Cualquier referencia a la tradición anarquista empezó a considerarse hostil al régimen, contrarrevolucionaria, y eso también arrastró la reputación del propio Bakunin. También jugó un papel importante la publicación de la *Confesión* de Bakunin[133], una extensa

---

132. Para un resumen general de este clima, las diferencias dentro del movimiento anarquista y el desencanto gradual de los anarquistas que en un principio tenían una disposición amistosa hacia los bolcheviques, véase a título representativo Alexander Berkman, *El mito bolchevique*, La Malatesta/Tierra de Fuego, 2013.

133. La *Confesión al Zar Nicolás I. Carta de Bakunin al Zar Alejandro II* está publicada en español por Labor. De todos modos, cuando hablaba de este texto, el propio Bakunin decía que solo había contado lo que ya sabían las autoridades, no había dado ninguna información sobre terceras personas y que su propósito era alcanzar la libertad para poder seguir luchando por la revolución. Lo cierto es que el zar no quedó satisfecho con el texto, puesto que no se le concedió la gracia a Bakunin, aunque Nicolás se la entregó a su hijo y heredero al trono, Alejandro, exhortándolo a leerla, porque "es sumamente interesante e instructiva".

carta dirigida al zar, escrita en 1851, cuando estaba condenado a muerte, que los bolcheviques descubrieron en 1919 en los archivos de la policía y publicaron en 1921 (nada casual, es decir, en el momento en que el régimen empieza a ser cuestionado internamente, con acontecimientos como el levantamiento de Kronstadt). La publicación de este texto supuso un duro golpe para la reputación de Bakunin. La publicación de la *Confesión* provocó una intensa controversia sobre si se trataba de una declaración de arrepentimiento inadmisible para un revolucionario o si se trataba de una maniobra inteligente para obtener el perdón del zar y continuar su actividad revolucionaria. En resumen, la reputación de Bakunin en la Unión Soviética posrevolucionaria estaba ligada a la evolución de las relaciones de los bolcheviques con los anarquistas.

Pero, como ya hemos mencionado, la acogida de las obras de Dostoyevski en general y de *Los demonios* en particular no fue especialmente favorable en la época soviética y, dado que después de 1917 a Dostoyevski lo secundó la fama de 'reaccionario' y 'contrarrevolucionario', Grossman emprendió sus investigaciones por un deseo subjetivo: restaurar a ojos del régimen al gran escritor que él tanto estimaba, ya que Dostoyevski corría peligro de ser eliminado de la conciencia de los intelectuales y lectores soviéticos por 'reaccionario'. Quería demostrar que el blanco de las críticas de Dostoyevski no era la revolución en general, sino el anarquismo/nihilismo en particular. En el clima antianarquista que se estaba formando en la Unión Soviética, la identificación de Bakunin con Stavroguin daba esperanzas de un trato más amable del régimen a la obra de Dostoyevski[134]. Por muy dudosa que fuese la bondad de las intenciones y la objetividad de Grossman –que no hay que olvidar que era bolchevique y, en

---

134. GOODWIN 2010: 101. James Goodwin, *Confronting Dostoevsky's Demons. Anarchism and the Specter of Bakounin in Twentieth-Century Russia*, Peter Lang.

consecuencia, 'antianarquista': por ende una lectura tan 'anti-bakuninista' de *Los demonios* era sumamente complaciente–, su investigación dio frutos fecundos, pero también provocó reacciones, tanto del crítico anarquista Aleksandr Borovói como del crítico marxista Vyacheslav Polonski. Sin embargo, un efecto de la insistencia de Grossman en esta cuestión finalmente desempeñó un papel negativo en la recepción de *Los demonios*, ya que el hecho de que la identificación Bakunin/Stavroguin fuese válida pasó de ser una cuestión secundaria a ser central. No entraremos en los detalles de esta triple controversia[135], porque, en nuestro propio análisis y con lo que hemos mencionado anteriormente, los 'patrones' literarios en la creación de personajes novelescos no hay que interpretarlos como representaciones de personas en sentido estricto, por consiguiente, a partir de un punto, la controversia –que era política y no literaria– se volvió estéril. Pero es importante insistir en la tesis de Grossman, aunque solo sea para dilucidar si –al menos hasta cierto punto– Bakunin fue una de las personas de quienes Dostoyevski extrajo material para la creación de Stavroguin.

Un papel importante en las investigaciones de Leonid Grossman lo desempeñó el hecho de que el archivo de la esposa de Dostoyevski, Ana Grigórievna, fuese entregado al archivo central de Moscú en 1921, dos años después de su muerte. Grossman, como filólogo que ya tenía reputación de experto en la obra de Dostoyevski, fue de los primeros que tuvieron acceso a este archivo. También mantenía correspondencia con la esposa de Dostoyevski ya desde 1918 y Ana Grigórievna le permitió acceder a su propio diario en el momento en que

---

135. Extraordinariamente esclarecedor sobre esta controversia es el libro de James Goodwin, *Confronting Dostoevsky's Demons. Anarchism and the Specter of Bakunin in Twentieth-century Russia*, que la sigue paso a paso. Las objeciones de Borovói se exponen en detalle en el capítulo cuarto y las de Polonsky en el quinto.

Dostoyevski escribía *Los demonios*, así como a una gran cantidad de material de archivo al respecto, entre otros el capítulo inédito "Con Tijon", con la 'confesión' de Stavroguin, de la que ya hemos hablado.

Debido a las discrepancias provocadas por su propuesta original de 1923, Grossman tuvo que formular argumentos y proporcionar pruebas tangibles que no se prestasen fácilmente a refutación. Su tarea no era sencilla. Si bien Dostoyevski hace referencias explícitas en sus notas a Granovski (Verjovenski padre) y Nechátyev (Verjovenski hijo), solo hizo una referencia a Bakunin en relación con Stavroguin. La única referencia al respecto que encontramos en las notas de Dostoyevski es una nota en los borradores de *Los demonios* donde Stepán Trofímovich Verjovenski dice que "Bakunin es un saco viejo y podrido de tonterías"[136]. Pero esta referencia no es suficiente para establecer la conexión Stavroguin-Bakunin. Tampoco prueba nada el hecho de que en *Los hermanos Karamázov* mencione explícitamente a Bakunin (junto con Proudhon, por cierto[137]), salvo que la persona de Bakunin era conocida y había interesado a Dostoyevski.

Es importante decir aquí que Leonid Grossman era formalista y, por lo tanto, su aparato crítico formalista ciertamente desempeñó un papel en las conclusiones a las que llegó. El minucioso estudio de Grossman sobre el material dio sus frutos[138]: halló seis semejanzas de los años juveniles de la vida del anarquista ruso entre Stavroguin y Bakunin, relacionadas con su paneslavismo temprano, su viraje al ateísmo y sus estudios en Alemania. Tres episodios de su vida, en particular la trifulca de Bakunin con Katkov (quien hay que señalar que era amigo

---

136. *Apud* GOODWIN 2010: 26.

137. DOSTOYEVSKI 2011: 80.

138. Mucha información sobre este punto se extrae del libro extraordinariamente útil y exhaustivo de James Goodwin: GOODWIN 2010: 68 y ss.

personal de Dostoyevski) y la consiguiente negativa de Bakunin a batirse en duelo, que remite directamente al episodio con Gagánov en *Los demonios* (donde, de manera completamente precipitada, Stavroguin agarra a ese pobre viejo de la nariz y lo arrastra, humillándolo públicamente), y la posterior negativa de Stavroguin a batirse en duelo con el hijo de Gagánov. Es casi seguro que Dostoyevski se enteró por Katkov de lo relativo a su disputa y la reproduce en la novela.

Además, Grossman halló dos semejanzas de carácter psicológico (la idea de suicidarse y la confesión de Bakunin/Stavroguin[139]) y, finalmente, nueve semejanzas de personalidad, opiniones, sucesos de su vida (la amistad y luego la disputa con Necháyev reflejadas en la relación de amistad y odio de Stavroguin y Piotr Stepánovich, el sacar partido de condenas penales y, en general, elementos lumpen sobre el objetivo de la revolución, las frecuentes referencias al viejo revolucionario ruso Stenka Razin, etc.). Estos veinte puntos de identidad o conexión entre Bakunin y Stavroguin constituían una interpretación literaria bastante sólida. Pero Grossman no quedó satisfecho con esto. Para respaldar aún más su tesis, aportó indicios y pruebas de que Dostoyevski había estudiado la vida de Bakunin.

Hemos mencionado ya que Dostoyevski vivió una temporada en la ciudad de Tver, lugar de nacimiento de Bakunin, donde –según algunos estudiosos– también ambientó la acción de la novela. Además, Grossman probó por una carta de Dostoyevski que durante su viaje a Europa había asistido al célebre y tempestuoso discurso de Bakunin en el primer congreso de la

---

139. Dado que *Confesión* se publicó en 1921, es seguro que Dostoyevski no la había leído. Sin embargo, testimonios de la época (un artículo de Katkov, por ejemplo, que habla de "cartas suplicantes y arrepentimientos categóricos" que había enviado Bakunin) dejan claro que un círculo íntimo de contemporáneos sabía de este texto, aunque no lo había leído.

"Liga de la Paz y la Libertad" celebrado en 1867 en Ginebra, al que asistieron Víctor Hugo, John Stuart Mill y Garibaldi entre otros. En aquella época la reputación de Bakunin ya había alcanzado dimensiones legendarias y los testimonios de personas presentes en ese congreso cuentan que, cuando Bakunin iba al estrado, Garibaldi se echó en sus brazos emocionado y miles de delegados lo aplaudieron puestos en pie, mientras que Bakunin, que siempre fue un orador apasionado, provocó entusiasmo en los presentes con lo que dijo. Por tanto, Dostoyevski, que se encontraba en el congreso, no podría haber olvidado esa escena.

Grossman también encontró pruebas contundentes de dos posibles encuentros entre ellos en casa de Herzen, en la época en que Dostoyevski había visitado al revolucionario ruso y Bakunin, que anteriormente había huido azarosamente de Siberia, donde estaba exiliado, y, tras una odisea hacia la libertad con diversas escalas en Japón, Yokohama, San Francisco, Nueva York, Londres, Suecia, Florencia y Nápoles, llegó finalmente a Londres, donde vivía Herzen y cuya casa era centro de reunión de todos los intelectuales progresistas y revolucionarios emigrados. Aún más importante es el hecho de que, cuando Bakunin vivió en Ginebra, lo alojó en su casa durante un año entero el viejo revolucionario ruso Ogárev, también exiliado. Pero Ogárev también era viejo conocido de Dostoyevski y este lo visitaba con frecuencia. En una carta de esa época de Herzen a su hijo leemos en relación con el enfermo Ogárev: "Lo importante es que Bakunin, Utin, Dostoyevski, Mertinski, Chernetski, Danitch y nosotros lo fastidiamos mucho"[140]. Por tanto, sería muy improbable que no se hubiesen conocido.

Además, como ya hemos mencionado, Dostoyevski siguió con gran interés las publicaciones de los periódicos rusos con

---

140. GROSSMAN 2010: 491.

motivo del asesinato del estudiante Ivánov y el caso Nicháyev. En una de estas publicaciones, Katkov, viejo amigo de Dostoyevski y enemigo declarado de Bakunin, escribió –con mentiras y calumnias sobre el tema en cuestión– que desde el extranjero el instigador de la conspiración había sido Bakunin. En *Noticiero de Moscú*, Katkov escribe que el centro de mando de la revolución se ha trasladado de Londres a Ginebra, donde vive Bakunin, en un artículo en el que los límites entre denuncia y calumnia son imperceptibles: "De allí vienen las prédicas sobre el hacha, desde allí se envían misioneros a nuestro país, los Judiákov[141] y los Nicháyev se refugian allí para inspirarse y recibir instrucciones. Ya nadie se refiere a los editores de *Campana*. El cetro del partido revolucionario ruso ha pasado a manos de otra celebridad, el propio Bakunin, quien en 1849 se sublevó en las calles de Dresde, fue detenido por la policía austriaca y encarcelado, envió desde prisión cartas de súplica y arrepentimiento total, fue indultado y deportado a Siberia, donde se le concedió toda una finca y libertad total de movimientos [...]. He aquí quién es el líder del movimiento revolucionario ruso, el autor moral de la conspiración que ha tendido sus tentáculos sobre Rusia [...]. Su sombra se extiende sobre Rusia".

La animadversión en este tema ciega a Katkov, quien calumnia a Bakunin sin escrúpulos en este punto, puesto que no se le indultó después del texto de la *Confesión*; al contrario, tras leer la carta, el zar sentenció que "se trata de un chico valiente, lleno de vigor, pero es una persona peligrosa, hay que mantenerlo en prisión". También son calumniosas sus sospechas de que Bakunin actuó como agente, un rumor que en ese

---

141. A. Judiakov estuvo involucrado en el asunto Karakózov, viejo revolucionario ruso, conocido de Bakunin y Herzen.

momento hacía circular Karl Marx, el rival de Bakunin en la Internacional[142].

Pese a las inexactitudes y calumnias de Katkov, es casi seguro que Dostoyevski había leído el artículo de su amigo y muy probablemente lo encontrase fidedigno. A partir de aquí se crea también la falsa impresión de que *El catecismo del revolucionario* había sido escrito por Bakunin y hace que Piotr Verjovenski le diga a Stavroguin en *Los demonios*: "Pero fue usted quien redactó los estatutos, no necesita que se lo explique"[143], mientras

---

142. En un principio publicó en el periódico que dirigía un texto rastrero que decía: "Con respecto a la propaganda eslava, ayer nos informaron de que George Sand tiene en su poder documentos que comprometen mucho al exilado ruso Mijaíl Bakunin y lo revelan como un agente ruso recientemente reclutado por su Gobierno. Desempeñó un papel destacado en el arresto de los infortunados polacos. George Sand ha mostrado estos documentos a algunos de sus amigos". Bakunin protestó enérgicamente y rogó a George Sand que se retractase públicamente. De hecho, esta última escribió inmediatamente una carta al periódico de Marx, en la que aclaraba que: "Bakunin protestó enérgicamente y le pidió a George Sand que se posicionase públicamente. De hecho escribió inmediatamente una carta al periódico de Marx en la que aclaraba que "las declaraciones de su corresponsal son absolutamente falsas. No existe ningún documento. No tengo la más mínima prueba de la insinuación hecha contra M. Bakunin. Jamás he autorizado a nadie, ni lo he hecho yo, a que se ponga en duda la integridad personal o la dedicación a los principios de M. Bakunin. Apelo a su sentido de honor y a su conciencia para que de inmediato publique esta carta en su periódico". Marx publicó la carta y escribió una excusa de una belleza infinita: "¡Hemos cumplido con la obligación periodística de ejercer una estricta vigilancia sobre personalidades públicas destacadas y, al mismo tiempo, hemos dado la oportunidad a M. Bakunin de despejar las sospechas que han circulado en los círculos de París!"! (véase más detalladamente: DESPINIADIS 2021: 120-121).

143. DOSTOYEVSKI 2016: 437. Sin embargo, en la *Respuesta* de Bakunin a Necháyev, el primero le dice expresamente al segundo "*Tu* catecismo…" y por lo tanto no podrían haber sido coautores del texto (Véase BAKUNIN-NECHÁYEV 2004. La confusión sobre la autoría del texto surge del hecho de que Bakunin escribió un texto con un título similar, "Catecismo Revolucionario" (https://es.theanarchistlibrary. org/library/mijail- bakunin-catecismo-revolucionario).

que también se reproduce el rumor sobre un agente, cuando Piotr Verjovenski le dice a Stavroguin que se le considera un espía[144].

Finalmente, sabemos que Dostoyevski leía *Campana* (además la menciona en *Los Demonios*) y *Estrella Polar*, la revista radical de Herzen, donde durante los años 1862-1863 se habían publicado reiteradamente extensos textos sobre la actividad revolucionaria de Bakunin. Y, por supuesto, no hay que olvidar que también había todo un círculo de personas (Belinski, Petrashevski, Herzen, Ogárev), todos ellos amigos de Bakunin, con quienes Dostoyevski se relacionó en ciertos períodos de su vida, al tiempo que ya hemos mencionado que este vivió un tiempo exiliado en Tver, ciudad natal de Bakunin. Es improbable que el uno desconociese la existencia del otro. Por lo tanto, el caso de Grossman estaba suficientemente fundamentado y es difícil pasar por alto en estudios posteriores de *Los demonios* la identificación Bakunin/Stavroguin. Por supuesto, Grossman aclara una y otra vez lo evidente para cualquiera que lea ficción: cuando decimos que Dostoyevski se inspiró en la figura de Bakunin para crear el Stavroguin literario, eso no significa en ningún caso que sea una fotografía, fotocopia o copia exacta del personaje histórico. Es un personaje que la imaginación creativa del autor remodela y pone al servicio del relato polifónico. Tampoco significa que el autor necesariamente obtenga información de una sola persona para dar forma a Stavroguin. Grossman y otros estudiosos han señalado que una segunda persona que sirvió a Dostoyevski de fuente de inspiración cuando creaba el personaje de Stavroguin fue su antiguo compañero del círculo de Petrashevski Nikolái Spéshnev, la persona que representaba la tendencia más revolucionaria dentro del círculo: no estaba satisfecho con las conferencias y las buenas palabras de los pro-

---

144. DOSTOYEVSKI 2016: 259.

gresistas y deseaba ardientemente encontrar a aquellos miembros que estuvieran dispuestos a no quedarse en las palabras, sino a proceder a la acción. Persona de noble cuna, uno de los primeros comunistas rusos, era –en expresión de Dostoyevski– "la encarnación ideal del aristócrata que camina hacia la democracia"[145]. No es casualidad que los jueces de instrucción del caso Petrashevski consideraran a Spéshnev el más peligroso de todos los miembros que finalmente fueron condenados. Pero Dostoyevski declaró que, aunque estaba encantado con la presencia y personalidad de Spéshnev, no quería tener mucho que ver con él, más bien porque le asustaba su carácter revolucionario extremista; su personalidad, según Dostoyevski, rebasaba con creces el círculo Petrashevski[146].

En contraste con la actitud cautelosa de Dostoyevski, se ha conservado un elogio de Bakunin a Spéshnev, cuyo carácter revolucionario no podía sino apreciar el anarquista ruso. En una carta, Bakunin escribe: "En 1848, en las primeras etapas de la revolución occidental, se les unió [al círculo Petrashevski] Spéhsnev, una persona excelente en muchas cosas: inteligente, rico, culto, apuesto, con un porte educado, aunque con un comportamiento sereno y frío que inspiraba confianza, como toda fuerza serena. [...] Spéshnev tuvo una gran influencia; estaba envuelto en la magia de su carácter tranquilo e inaccesible. La historia de su juventud era toda una novela"[147]. Este documento es extraordinariamente importante. Las dos personas de las que Dostoyevski obtiene material para dar forma a Stavroguin no solo se conocían, sino que también se apreciaban mutuamente.

---

145. *Apud* GROSSMAN 2010: 138.

146. GROSSMAN 2010: 139.

147. GROSSMAN 2010: 138-139.

En cualquier caso, la conexión Stavroguin-Bakunin-Spésh-nev nos ofrece una de las claves indispensables para descifrar la novela desde un punto de vista político. Está claro el hilo que conecta el viejo círculo de radicales en el que se encontraba el propio Dostoyevski con los revolucionarios rusos que actúan en el momento en que Dostoyevski ya se había distanciado de sus viejas ideas socialistas. Dostoyevski arroja estos dos personajes a la fragua de su estro creativo y crea a Nikolái Stavroguin, el líder de los Demonios.

Fe e incredulidad. Shátov y Kirílov

Aparte del trío formado por Stepán Verjovenski, Piotr Verjovenski y Nikolái Stavroguin, de quienes hemos hablado en detalle hasta ahora, los otros dos personajes más importantes de la novela son Shátov y Kirílov. En estos dos personajes Dostoyevski establece otra de las muchas dicotomías que hay en sus novelas de ideas y ciertamente la más potente en *Los demonios*. Por un lado, el creyente Shátov, víctima de la vil conspiración de Piotr Verjovenski, y, por el otro, el ateo fanático Kirílov, una persona convencida de la inexistencia de Dios que piensa que mediante su suicidio demostrará exactamente esa inexistencia. Ambos fueron discípulos de Stavroguin, él los inició en las ideas revolucionarias, fueron amigos íntimos y compañeros de piso cuando vivían en el extranjero, pero ahora están reñidos, ni siquiera se hablan y han seguido caminos completamente diferentes. Sin embargo, el genial montaje novelesco de Dostoyevski los hace seguir siendo, en cierto sentido, convivientes, ya que viven en una casa enorme, aunque no se comunican. ¿Es esto también una alusión del autor a que la fe y la incredulidad –como ocurre a menudo en cualquier conciencia atormentada– conviven?

Ya hemos mencionado que en la creación de Shátov Dostoyevski ha utilizado elementos de la personalidad del estudiante Ivánov, asesinado por el grupo de Necháyev. Las referencias en la trama son evidentes, hasta en detalles como, por ejemplo, que Shátov entiende de tipografía (Ivánov supervisó la imprenta clandestina del grupo de Necháyev). Además, Shátov ha desertado del grupo revolucionario clandestino al que pertenecen Piotr Verjovenski y Stavroguin, del mismo modo que Ivánov desertó del grupo de Necháyev. Pero al mismo tiempo, Shátov, como héroe novelesco, es en gran medida el portavoz del propio Dostoyevski en el universo polifónico. Como si estos dos no fueran suficientes, para la creación de Shátov el talento desenfrenado de Dostoyevski añade una tercera personalidad: se trata de un viejo amigo suyo del círculo de Petrashevski, N. Y. Danilevski, que fue exiliado en 1849 por fourierista fanático y veinte años después, tras renunciar a sus antiguas ideas, publicó un estudio que revisaba y defendía las tesis de los eslavófilos. Dostoyevski saludó ese viraje y consideraba a Danilevski un correligionario, según se desprende de una carta que escribió el 11 de diciembre de 1868: "Y sí; ¡de seguidor de Fourier se volvió de nuevo a Rusia para volver a ser ruso y amar sus raíces y su esencia! Por eso vemos en él a una persona de amplios horizontes"[148].

Se trata, pues, de un antiguo socialista que ahora se ha convertido al cristianismo. Sin embargo, considera que la fe en Dios y el cristianismo son más bien una *necesidad* (como el propio Dostoyevski, por otra parte, con su famosa sentencia de que "si Dios no existe, todo está permitido"). Cuando Shátov explica a su esposa las razones por las que renunció a sus antiguas ideas y

---

148. GROSSMAN 2010: 548.

predica a Dios, ella le dice "[predica al Dios] en el que usted no cree. Es algo que nunca he podido entender"[149], mientras que en un diálogo similar entre Shátov y Stavroguin el primero utiliza, con una honestidad que desarma, un futuro ante la apremiante pregunta de Stavroguin sobre si cree: "Yo... creeré en Dios"[150].

También cree que la solución a los problemas de Rusia es la gente corriente (por otra parte, él mismo es hijo de siervos que pertenecieron a Varvara Petrovna, la madre de Stavroguin), la gente que es la expresión de la genuina conciencia rusa, y que la fe en Cristo es presupuesto para que Rusia vuelva a encontrar el camino perdido. El propio Dostoyevski no solo se salió de una sociedad secreta, sino que, en cierto sentido, desertó de las ideas socialistas en general. Con razón se ha dicho que *Los demonios* es hasta cierto punto un ajuste de cuentas con su yo pasado. Al fin y al cabo, en un artículo suyo de 1873 sobre *Los demonios* en la revista *El Ciudadano*, él mismo confiesa que el grupo socialista en el que participaba en su juventud y él se habían contagiado de las ideas del socialismo teórico: "Ya en el año 46, Belinski me puso al corriente de toda la *verdad* de este próximo 'mundo renovado' y de toda la *santidad* de la futura sociedad comunista [...]. Yo mismo soy un viejo seguidor de los 'Necháyev'. [...] Sé que ustedes, sin duda, van a replicarme que yo no soy de los Necháyev, sino solo de los Petrashevski [...]. ¿Cómo saben que los seguidores de Petrashevski no podrían lle-

---

149. DOSTOYEVSKI 2016: 650.

150. DOSTOYEVSKI 2016: 290: También es pertinente una nota que Dostoyevski escribió mientras trabajaba en la novela sobre Shátov: "Ahora surge la pregunta: ¿quién puede entonces creer? ¿Alguien cree? (de los paneslavistas y eslavófilos) Y finalmente surge también esta pregunta: ¿es posible creer? Y si no es posible, ¿por qué gritan sobre la fuerza del pueblo ruso debido a su ortodoxia? [...] Si la fe en la ortodoxia se resquebrajara dentro del pueblo, inmediatamente comenzaría a desintegrarse, tal como los pueblos de Occidente ya han comenzado a desintegrarse" (DOSTOYEVSKI 2014: vol. III 356-357).

gar a ser Necháyev, es decir, llegar al camino de Necháyev, *en el caso de que se volviera así el asunto?*"[151]. Este pasaje es esclarecedor por una razón adicional: Dostoyevski considera que las ideas socialistas más moderadas se recrudecen con el tiempo hasta convertirse en otras más revolucionarias. La espiral de esta escalada de ideas revolucionarias la desarrolla también en *Los Demonios.*

Para la creación del otro personaje de esta dicotomía, Kirílov, Dostoyevski extrae datos de un antiguo miembro del círculo de Petrashevski, Konstantin Timkovski. Timkovski era una persona muy culta, de fe cristiana ferviente en su juventud que de pronto trocó en un ateísmo fanático y adoptó un carácter puramente revolucionario y una tendencia a la abnegación. Se ha conservado una interesante semblanza de Dostoyevski sobre Timkovski: "Es una de esas mentes brillantes que, cuando hacen suya una idea, consideran que tiene la primacía sobre todas las demás"[152]. Es evidente que estamos en el meollo del temperamento de Kirílov.

Al comienzo de la segunda parte tiene lugar un encuentro crucial para el desarrollo de la novela entre Stavroguin y Shátov. Aunque ambos están ya enfadados y además Shátov lo ha abofeteado en público hace unos días, Stavroguin considera un deber advertir a Shátov de que Piotr Verjovenski está planeando su asesinato. La conversación de esta cita está llena de elementos de interés para una lectura política de la novela, como, por ejemplo, que el grupo que ha organizado Verjovenski en esa

---

151. DOSTOYEVSKI 2021: 631 y 633. También se ha conservado una anotación sobre que Dostoyevski planeaba escribir una novela sobre los miembros del círculo Petrashevski años antes de empezar a escribir *Los demonios.* Ese borrador fue abandonado, pero Dostoyevski finalmente incorporó material de ese borrador a su novela sobre el pensamiento nihilista.

152. GROSSMAN 2010: 134.

pequeña ciudad de provincias es integrante de la red de organizaciones de la Primera Internacional (de la que, por supuesto, fue miembro Bakunin), se habla de las sociedades revolucionarias secretas (a menudo inexistentes en realidad) fundadas por Necháyev y Bakunin o se formula la afirmación de Stavroguin de que Verjovenski lo ve como si fuese Stenka Razin y la confesión de Stavroguin de que él mismo es parte de este grupo. Un monólogo de Shátov (por cuya boca evidentemente habla Dostoyevski) que condensa sus puntos de vista desempeña un papel clave: una áspera acusación contra el socialismo y, al mismo tiempo, un ferviente manifiesto cristiano-político:

"No ha habido un solo pueblo, no ha habido hasta ahora un solo pueblo que se haya organizado sobre los principios de la razón y la ciencia; no ha habido un solo ejemplo de eso o, si lo ha habido, ha sido durante un período brevísimo, y por pura estupidez. El socialismo, por su propia naturaleza, es una forma de ateísmo, pues ha proclamado desde el primer momento que es una institución atea y que se propone organizarse exclusivamente sobre la base de la ciencia y la razón. La razón y la ciencia siempre han tenido, en la actualidad y desde el principio de los tiempos, un cometido secundario y auxiliar en la vida de los pueblos [...]. Los pueblos se constituyen y se mueven por otra fuerza, que los orienta y los gobierna, pero cuyo origen es desconocido e inexplicable. Es la fuerza del anhelo insaciable de llegar hasta el final, negando al mismo tiempo que exista ese final. Es la fuerza de la afirmación de la incesante e infatigable afirmación de la propia existencia y de la negación de la muerte. Es el espíritu de la vida o, como lo llaman las Escrituras, los "ríos de agua viva», con cuya desecación nos amenaza el *Apocalipsis*. Es un principio estético, como dicen los filósofos, un principio moral, como ellos mismos también lo identifican. Es la 'búsqueda de Dios', como, más simplemente, lo llamo yo. La meta de todo movimiento popular, en cualquier pueblo y en cualquier momento de su existencia, es únicamente la búsqueda de un dios, de su dios, que ha de ser necesariamente propio, y la fe en ese dios como único dios verdadero. Dios es la personalidad sintética de todo un pueblo, considerado desde su principio hasta su final. Nunca ha ocurrido que todos los pueblos, o muchos de ellos, tuvieran un único dios común, cada pueblo ha tenido siempre un dios particular. Una señal de la decadencia de las naciones es que sus dioses empiecen a ser comunes. Cuando los dioses se vuelven comunes a distintos pueblos, mueren esos dioses y la fe en ellos, y con ellos mueren los propios pueblos. Cuanto más poderoso es un pueblo, más exclusivo es su dios"[153].

¿Según Shátov, cuál es la causa por la que Stavroguin se ha descarriado tanto? Lo acusa de ser ateo precisamente porque es aristócrata, ha olvidado la diferencia entre el bien y el mal porque ha dejado de estudiar a su pueblo: es precisamente la misma acusación que Dostoyevski repite con diversos pretextos a los intelectuales rusos de su tiempo en sus escritos periodísticos.

Justo aquí es donde la presencia de Kirílov en la novela resulta crucial. Manifiesta una perspectiva atea en grado extremo: llega incluso a suicidarse precisamente para demostrar que Dios no existe, para demostrar que es dueño de sus actos hasta el límite extremo: "Estoy obligado a manifestar mi incredulidad. Para mí no hay idea más elevada que la de que no hay un

---

153. DOSTOYEVSKI 2016: 286-287.

Dios. La historia humana está de mi parte. El hombre no ha hecho más que inventar a Dios para vivir sin tener que matarse; en eso consiste toda la historia universal hasta ahora. Yo soy el único en la historia universal que por primera vez no ha querido inventar a Dios [...]. No entiendo cómo hasta ahora un ateo ha podido saber que Dios no existe y no matarse de inmediato. Reconocer que no hay Dios y no reconocer al mismo tiempo que te has convertido en Dios es algo absurdo, pues de lo contrario te matarías sin remedio. Si lo reconoces, eres el rey y ya no te matas, sino que vivirás en la mayor de las glorias. Pero uno, el primero, tiene que matarse sin remedio, pues, si no, ¿quién va a empezar y va a demostrarlo? [...] Yo aún no soy más que un Dios contra mi voluntad y soy un desdichado porque estoy *obligado* a manifestar mi albedrío"[154]. En la persona de Kirílov, Dostoyevski reproduce por supuesto su poderosísima convicción del callejón sin salida al que conduce el ateísmo. Sin embargo, no lo menosprecia. Desde un punto de vista literario, Kirílov es tal vez el personaje más completo y compacto de la novela. Compacto precisamente porque su ateísmo –a diferencia del de Stavroguin– es total.

Para Dostoyevski, sin embargo, la cuestión no se agota simplemente en la perspectiva atea de Kirílov. Con la cínica aceptación de cargar con el asesinato de Shátov (ya que de todos modos ha decidido suicidarse) se convierte no solo en la verdadera antítesis ideológica de Shátov, sino también en el recordatorio de Dostoyevski de que sin Dios todo está permitido y, sobre todo, que ateísmo y socialismo conforman una alianza muy peligrosa. Se alimentan mutuamente, el uno no puede existir plenamente sin el otro y los dos juntos constituyen los demonios que han entrado en el cuerpo de Rusia. En *Los hermanos*

---

154. DOSTOYEVSKI 2016: 690 y 692.

Karamázov vuelve sobre el tema. Si Aliosha Karamázov "hubiera creído que ni la inmortalidad ni Dios existen, enseguida se habría hecho ateo y socialista (porque el socialismo no es solo la cuestión obrera [...] sino que es, ante todo, cuestión del ateísmo, es la cuestión de la torre de Babel que se construye precisamente sin Dios no para alcanzar los cielos desde la tierra, sino para hacer bajar los cielos a la tierra"[155]. De nuevo en *Los hermanos Karamázov*, Dostoyevski formula una inquietud aún más intensa en boca de un policía: "No tememos mucho a todos estos socialistas, anarquistas, ateos y revolucionarios; los vigilamos y estamos al corriente de sus pasos. Pero hay entre ellos, aunque pocos, algunos individuos curiosos; se trata de individuos cristianos y, al mismo tiempo, socialistas. ¡A esos es a quienes más tememos, esa es gente temible! El socialista cristiano es más terrible que el socialista ateo"[156]. ¿Acaso podría esta frase retratar también a Tolstói? No es nada improbable. Lo interesante aquí es que Dostoyevski considera que los socialistas no se sienten atraídos al socialismo por un pensamiento realista, sino por "la vertiente sentimental, idealista del socialismo, por su matiz religiosa"[157].

Sea como fuere, para Dostoyevski el mayor problema es la mezcla de socialismo y ateísmo. Estas dos tendencias que se alimentan mutuamente y que por sí mismas constituyen un problema para el escritor, si se combinan, conducen a la catástrofe absoluta.

---

155. DOSTOYEVSKI 2001: 101.

156. DOSTOYEVSKI 2011: 157.

157. DOSTOYEVSKI 2016: 96.

Viejo amigo, enemigo actual:
Karmázinov / Turguénev

Ya hemos dicho que Dostoyevski empieza a escribir *Los demonios* en buena medida como respuesta a dos novelas de su época: *¿Qué hacer?*, de Chernishévski, y *Padres e hijos*, de Turguénev. Pero respecto a Turguénev, de quien lo separan muchas cosas, no le basta con responder a sus ideas, sino que lo incluye en la novela bajo la figura del escritor Karmázinov. De hecho Dostoyevski, que no tiene ánimo de ocultar cuál es su objetivo cuando da forma a este personaje en concreto, no duda en reproducir fielmente el retrato de Turguénev cuando describe a Karmázinov: "Era un hombre ya mayor –aunque no pasaría de los cincuenta y cinco años–, muy bajito, engolado, con una cara pequeña bastante colorada, con unos espesos mechones de pelo gris que le asomaban por debajo del sombrero de copa y se ensortijaban alrededor de unas orejas pequeñas, rosadas y limpias. Su aseado rostro no resultaba demasiado atractivo, con aquellos labios finos, largos, de gesto pícaro, aquella nariz más bien carnosa y aquellos ojillos diminutos, afilados e inteligentes. Vestía a la antigua usanza, con una especie de capote echado sobre los hombros, como podrían llevarlo en Suiza o en el norte de Italia en esa época del año. Pero, eso sí, todos los detalles menores de su atuendo: los gemelos, el cuello, los botones, los impertinentes de carey con una fina cinta negra, el anillo, eran propios de una persona de irreprochable gusto"[158]. Cualquier lector puede comprobar fácilmente la similitud comparando esta descripción con las fotografías disponibles de Turguénev. El parecido entre Karmázinov y Turguénev era tal que ciertamente no pasó desapercibido para Turguénev: "Dostoyevski se ha permitido algo

---

158. DOSTOYEVSKI 2016: 107.

mucho peor que una parodia: me ha presentado bajo el nombre de Karmázinov como simpatizante clandestino del grupo de Necháyev"[159].

La relación de Dostoyevski con Turguénev empezó siendo amistosa, incluso colaboraron en la revista que editaban los hermanos Dostoyevski, pero luego empezó a separarlos una distancia que acabó en hostilidad. La causa –aparte de la obvia competencia de vanidad[160] sobre quién era el gran nombre de la literatura rusa (en un tiempo a Turguénev, que era un poco mayor, se le consideraba el escritor más importante, posición que perdió poco a poco ante Dostoyevski y luego Tolstói)– tenía que ver claramente con sus divergencias ideológicas. En la persona de Turguénev, Dostoyevski veía condensadas todas las ideas liberales occidentales peligrosas para Rusia. "[Sus novelas y cuentos] habían hecho las delicias de mi adolescencia y mi juventud. Más tarde, mi entusiasmo por su pluma se ha enfriado un tanto; las novelas con mensaje que había escrito en los últimos tiempos no me agradaban tanto como las creaciones de su primera época, llenas de poesía espontánea; y sus obras más recientes no me habían gustado en absoluto", dice en cierto momento el narrador de *Los demonios*[161].

En la época en que escribe Dostoyevski, "esas dos últimas obras" son *Padres e hijos*, libro que, como hemos dicho, provocó un escándalo en su época, y *Humo*[162], libro que despertó la ira de los eslavófilos. En *Padres e hijos*, cuando quiere describir

---

159. GROSSMAN 2010: 547.

160. Es representativo que cuando Belinski elogió el primer libro de Dostoyevski, Turguénev se molestó y escribió: "El elogio sin medida de *Pobres gentes* ha sido uno de los primeros errores de Belinski y una prueba, al mismo tiempo, de que su organismo había comenzado a debilitarse" (citado en GROSSMAN 2010: 103).

161. DOSTOYEVSKI 2010: 165.

162. Iván Turguénev, *Humo*, trad. V. Gallego, Alba, 2003.

a la nueva generación de Rusia, los 'nihilistas', representados en el Bazárov novelesco (de quien en cierto momento Verjovenski padre dice que es un 'héroe falso'), Turguénev se encontró en medio de un fuego cruzado. Por un lado, la generación conservadora, más vieja, lo acusó de halagar injustificadamente a la juventud revolucionaria al querer demostrar que era moderno y estaba en sintonía con su época. Por otro, como hemos visto en la cita anterior de Necháyev, la generación más joven, con su desenfrenado impulso revolucionario, consideró que Turguénev con Bazárov simplemente había hecho una caricatura de los jóvenes revolucionarios y nada más. Las protestas resultantes adquirieron tales dimensiones que Turguénev se vio obligado a irse de Rusia amargado y establecerse en Baden-Baden, Alemania, ya que le era difícil incluso circular por la calle. "A mí se me ha calumniado ante la juventud rusa. Yo siempre he simpatizado con todos sus movimientos"[163], dice Karmázinov, amargado a su vez.

En la historia de la literatura rusa que escribió, Piotr Kropotkin hizo el mejor resumen de lo que provocó el libro de Turguénev[164]: "*Padres e hijos* produjo una enorme impresión. Turguénev fue atacado por todos lados: la vieja generación le reprochaba su 'nihilismo', la juventud estaba descontenta de ser identificada con Bazárov. La verdad es que, salvo raras excepciones, entre las que estaba el gran crítico Písarev, la nueva generación no había comprendido debidamente a Bazárov. Turguénev nos había acostumbrado de tal modo a cierta aureola poética que rodeaba a sus personajes y a la propia ternura con que los envolvía aun cuando los condenaba, que, no habiendo escrito nada similar con respecto a Bazárov, veíamos en eso un

163. DOSTOYEVSKI 2016: 421.

164. KROPOTKIN 2017: 151-152.

indicio de la hostilidad del autor hacia su personaje. Además, ciertos rasgos de la idiosincrasia de Bazárov nos disgustaban sin duda. ¿Por qué un hombre tan fuerte como Bazárov se muestra tan duro con sus ancianos padres: con su madre cariñosa y con su padre, el viejo médico de aldea, que ha conservado en la senectud su fe en la ciencia? ¿Por qué ha de enamorarse Bazárov de una mujer tan poco interesante y tan pretenciosa como Madame Odíntzova, sin conquistar siquiera el amor de ella? Luego, cuando en la nueva generación ya ha madurado la simiente de un vasto movimiento en favor de la liberación de las masas, ¿por qué obliga el autor a Bazárov a declarar que está dispuesto a trabajar por el campesino, pero que si alguien viniera y le dijera que debía obrar así, odiaría al campesino? A lo cual Bazárov añade, después de meditar un rato: '¿Y qué mal hay en eso? Cuando el campesino llegue a conseguir algo y empiece a vivir como la gente ya la hierba crecerá sobre mi tumba'". No comprendíamos esta actitud del nihilista de Turguénev y solo más tarde, cuando volvimos a leer *Padres e hijos*, descubrimos en las palabras de Bazárov, que tan poco nos habían agradado, la semilla de una filosofía realista de la solidaridad y del deber, que solo ahora comienza a adquirir contornos definitivos. En 1860, nosotros, los de la joven generación, veíamos en esas palabras el deseo de Turguénev de arrojar una piedra contra el nuevo tipo, con el cual no simpatizaba"[165].

Años después se descubrió que las simpatías de Turguénev por los revolucionarios no se limitaron a sus novelas, sino que había financiado clandestinamente a los socialrevolucionarios: la revelación de este hecho tuvo como resultado que el gobierno zarista prohibiese la ceremonia pública en su funeral en 1883.

---

165. KROPOTKIN 2017: 151-152.

Por tanto, Dostoyevski ataca despiadadamente a Turguénev en *Los demonios*. Considera que personas como él hacen daño de dos maneras. La primera es que atizan –con total seguridad– el radicalismo de la juventud y tratan de halagarla: "El gran escritor temblaba asustado ante la juventud revolucionaria rusa y creyendo, en su ignorancia, que esta tenía en sus manos la llave del futuro de Rusia, la adulaba de un modo humillante, principalmente porque aquellos jóvenes no le hacían ningún caso"[166]. La segunda manera en que escritores como Turguénev influyen negativamente es que, si bien ellos mismos están alienados por su percepción prooccidental, quieren reformarla con sus novelas ideológicas. Lo peor de todo, para Dostoyevski, es que personas como Turguénev, que han vivido muchos años en el extranjero, no pueden ni podrían tener una idea de lo que sucedía en Rusia, ya que veían todo a distancia. Un incidente revelador respecto a esto tuvo lugar durante el encuentro entre ambos en Baden-Baden, Alemania. Turguénev protestaba ante Dostoyevski por los injustos ataques de los periódicos contra él con motivo de la publicación de su novela *Humo*: "Hay un camino común e inevitable para todos, la civilización, y cualquier intento de rusificar la independencia es una tontería. Estoy escribiendo un largo artículo para todos los rusófilos y eslavófilos", anunció Turguénev, para ganarse la amarga respuesta de Dostoyevski: "Solicite que le envíen un telescopio desde París, para que le sea más fácil. Para ver Rusia a través del telescopio y observarnos, porque es realmente difícil vernos desde aquí. Está demasiado lejos"[167].

Dostoyevski incorpora esta crítica en *Los demonios*, difamando injustamente a Turguénev sobre el tema en cuestión. En

---

166. DOSTOYEVSKI 2016: 246.
167. GROSSMAN 2010: 477.

cierto momento, le hace decir a Karmázinov que le importa más cambiar una tubería del alcantarillado en Karlsruhe que todos los problemas rusos juntos. Para Dostoyevski, cualquiera que perciba las cosas de manera diferente a él no puede estar realmente interesado por Rusia. Porque no hay que pasar por alto el hecho –indicio de la febril controversia, pero también del papel que desempeñaba entonces la literatura– de que en 1877 Turguénev responda a *Los demonios* escribiendo una novela hoy ya bastante olvidada, *Suelo virgen*[168], e intentando demostrar que la realidad rusa y sus problemas sociales no le son ajenos.

La relación entre ambos escritores sufrió, por supuesto, daños funestos por todo esto. Un indicio de cuánto disgustó a Turguénev este ataque de su viejo amigo es un suceso descrito por la esposa de Dostoyevski. En 1865, Turguénev había prestado una cantidad a Dostoyevski, quien durante su viaje a Europa sucumbió a su pasión por la ruleta, con resultados notoriamente desastrosos. Dostoyevski recibió el dinero, dio las gracias a Turguénev, pero no pudo pagar el préstamo en el plazo convenido ni en las fechas posteriores que acordaron. El asunto parecía haber sido olvidado y Turguénev daba muestras de generosidad a fin de perdonarle la deuda. Pero en 1876, cuando ya se había publicado *Los demonios*, Turguénev, enojado, recuerda las viejas cuestiones pendientes y exige a Dostoyevski el pago de la antigua deuda... con doce años de retraso[169].

Extremo en todas sus pasiones, desde el momento en que la vieja amistad se convirtió en enemistad, Dostoyevski no duda en utilizar expresiones mezquinas sobre su viejo amigo y socio ("una

---

168. Iván Turguénev, *Suelo virgen*, trad. M. de Seabra, Cátedra, 1992.

169. Versiones ligeramente diferentes del episodio se describen en al menos dos biografías de Dostoyevski, la de su esposa (DOSTOIEVSKAIA 2021: 253-258) y otra bastante más objetiva, escrita por Grossman (GROSSMAN 2010: 476-478).

vieja rencorosa que ya no tiene nada que decir"[170]) y en enterrar su relación. Considera –refiriéndose nuevamente a Karmázinov– que cualquier efímera gloria literaria de escritores tales pasará rápidamente: "Habían hecho las delicias de mi adolescencia y mi juventud. Más tarde, mi entusiasmo por su pluma se ha enfriado un tanto. Las novelas con mensaje que había escrito en los últimos tiempos no me agradaban tanto como las creaciones de su primera época, llenas de poesía espontánea; y sus obras más recientes [es decir, *Padres e Hijos* y *Humo*, respectivamente] no me habían gustado en absoluto. Hablando en términos generales, si se me permite expresar mi opinión en materia tan delicada, todos estos individuos dotados de un talento mediocre, que muchas veces alcanzan la consideración de genios, o poco menos, no solo desaparecen después de su muerte de la memoria de la gente casi sin dejar huella y de manera repentina, sino que incluso en vida [...] ocurre que son olvidados"[171].

Por tanto, no nos sorprende en absoluto que Dostoyevski elija a Karmázinov como persona homenajeada en la fiesta organizada por la esposa del gobernador, en un capítulo crucial para el desarrollo de la novela, con el ilustrativo título "Filibusteros. Una mañana fatídica". El mensaje aquí es claro: la adulación precipitada de los revolucionarios tendrá resultados desastrosos en el futuro. Cuando, por ejemplo, la esposa del gobernador dice ingenuamente: "Yo lo que creo es que no hay que despreciar a nuestros jóvenes. La gente grita que son comunistas, pero, en mi opinión, hay que compadecerlos y apreciarlos", cuando aclara que está tratando de conocer a los jóvenes para mantenerlos "al borde del abismo. [...] Solo nosotros, la buena sociedad, con nuestra influencia favorable y, concretamente, con nuestro trato

---

170. DOSTOYEVSKI 2016: 388.
171. DOSTOYEVSKI 2016: 105.

cariñoso, podemos mantener a la juventud lejos del precipicio al que la arrastra la intransigencia de todos esos carcamales"[172], no expresa más que la ingenuidad de la bienaventurada clase alta rusa que piensa que se trata de escolares jugando y no de decididos revolucionarios.

El final – El impulso de los acontecimientos venideros

La tragedia vaticinada, cuyas condiciones previas ha expuesto Dostoyevski gradualmente en las dos primeras partes de la novela, empieza a manifestarse al final del segundo volumen y al principio del tercero. Primero estalla una protesta de setenta trabajadores de la fábrica local, que ha sido cerrada por contaminar y ha dejado sin salario a los trabajadores, algunos de los cuales, según se dice en la novela, conocen la Primera Internacional, posiblemente incluso sean miembros de ella. Circulan rumores de que se están distribuyendo folletos revolucionarios entre los obreros (las sospechas sobre el tráfico de los folletos recaen por supuesto en Piotr Verjovenski). Su leve protesta inicial no es atendida y la policía y el gobernador alejan del gobierno provincial "a los trabajadores [a los que] no les pagan lo que corresponde; los propietarios son millonarios"[173]. A esto le sigue el evento benéfico de la esposa del gobernador, con Karmázinov como persona homenajeada (a quien de nuevo difama Dostoyevski de manera cruel), que termina en desastre, como consecuencia de que Piotr Verjovenski y la célula que ha reunido en torno suyo precipitan los hechos. El plan preparado hace tiempo por los

---

172. DOSTOYEVSKI 2016: 343.
173. DOSTOYEVSKI 2016: 161.

nihilistas encuentra el mejor pretexto para llevarlo a cabo a la vista de todos. La velada concluye con altercados. A continuación, se desata un misterioso incendio (aparentemente provocado) a las afueras de la ciudad[174]. Ya se extiende por la ciudad el rumor de que a Piotr Stepánovich lo dirige la Internacional y él, a su vez, maneja a la esposa del gobernador.

El gobernador se da cuenta ahora de que las autoridades han perdido el control de la situación. Grita desesperadamente: "¡Ha sido provocado! ¡Esto es nihilismo! ¡Si algo arde es nihilismo!"[175]. Pero el incendio que se ha desatado es imposible de apagar porque "el fuego está en las cabezas, no en los tejados de las casas"[176]. Por eso "en ninguna sociedad del mundo se puede contar solo con la policía"[177], una vez que se 'prende fuego' a la mente de la gente, una vez que cambia radicalmente la conciencia de la gente, ninguna medida represiva es suficiente.

Las fuerzas de la destrucción ya se han desatado y actúan sin control. El caldero que ha estado hirviendo tanto tiempo ahora corre peligro de explotar. Los acontecimientos trágicos se suceden uno tras otro a un ritmo vertiginoso. Lizaveta Nikoláievna, amante de Stavroguin, a quien los habitantes consideran responsable de los asesinatos de la casa de Lebiadkin, es asesinada. Shátov se ve arrastrado a una emboscada tendida por Piotr Stepánovich y es asesinado por los nihilistas como presunto delator, mientras que Piotr Stepánovich convence a Kirílov, que ya está decidido a suicidarse, de que cargue con el asesinato de Shátov. Luego Kirílov se suicida, Stavroguin se suicida,

---

174. Es evidente que Dostoyevski traslada aquí el episodio del incendio de San Petersburgo, atribuido a revolucionarios, del que se ha hablado antes, y por el que él mismo se había apresurado a ir a casa de Chernishévski.

175. DOSTOYEVSKI 2016: 581.

176. DOSTOYEVSKI 2016: 582.

177. DOSTOYEVSKI 2016: 562.

al presidiario Fedka (oscuro colaborador de Piotr Verjovenski) lo encuentran muerto, los nihilistas son detenidos y todos se desmoronan en los interrogatorios mostrando comportamientos lamentables, puesto que no son más que títeres manejados por la organización de Piotr Verjovenski. Verjovenski padre cerrará la escena del drama. Abandona la ciudad en estado de enajenación y vaga desorientado. Él que "a lo largo de veinte años ha venido sembrando las ideas que ahora estamos cosechando"[178] se considera responsable de lo ocurrido. El viejo liberal descubre en este trance desesperado que ama al pueblo, pero nunca lo ha visto de cerca[179]. Se aprecian signos de arrepentimiento total y comienza un deambular desesperado lejos de la ciudad que lo ha acogido todos estos años. "Huyo de un delirio, de un delirio febril", grita después de los trágicos acontecimientos, "voy corriendo en busca de Rusia, *existe-t-elle la Russie?*"[180], y poco después muere de agotamiento, tras haber pedido antes confesión. La tragedia concluye de una manera típicamente dostoyevskiana: es absoluta y total, cuando estalla nada queda indemne.

Para concluir el comentario de la novela, he reservado para el final si no la única, seguramente mi más importante objeción. *Los demonios* pierde en *profundidad* –o, por decirlo en términos bajtinianos, pierde en 'polifonía'– por el hecho de que Dostoyevski solo ve en los revolucionarios cosas negativas, de la misma manera que, cuando comentaba la Comuna de París que aconteció diez años antes de su muerte, solo veía masacres[181]. Falta en el grupo de los Demonios esa brillante per-

---

178. DOSTOYEVSKI 2016: 507.

179. DOSTOYEVSKI 2016: 717-718.

180. DOSTOYEVSKI 2016: 605.

181. LANDAUER 2000: 123.

sonalidad que aportaría los rasgos positivos de un revolucionario. Puede que los acontecimientos posteriores en la URSS justificasen muchas de sus preocupaciones, pero su obra habría ganado si hubiese visto también qué otra cosa inspiraba a los revolucionarios que en gran medida también le inspiraba a él: la ternura hacia los oprimidos de este mundo, hacia la gente atormentada que pierde su esencia humana por el sufrimiento que experimenta, la profunda compasión por los marginados de este mundo. Si Dostoyevski hubiese añadido este parámetro a su novela, es decir, si no hubiese hablado solo del 'nechayevismo' (que en ningún caso representa el carácter revolucionario en su conjunto, es como mucho una versión marginal del mismo), si también hubiese tenido en cuenta los elementos más humanistas presentes en toda conciencia revolucionaria, en definitiva, si hubiese conocido mejor a los revolucionarios, si no hubiese perdido contacto con los círculos radicales a causa de su encarcelamiento, nos habría regalado una novela aún más profunda y completa, aún más consistente en cuanto a los requisitos de la narración polifónica. Además, lo que tal vez escapó a su concepción novelesca fue el hecho de que los procesos revolucionarios en la sociedad rusa eran algo mucho más amplio, más profundo y sustancial que un grupo de conspiradores insignificantes en una provincia remota. Fue un proceso que duró décadas en el que a menudo fueron sacrificados algunos de los mejores espíritus rusos, personas con valores, generosidad y abnegación, frente a un régimen despiadado y asesino.

Al final, ¿quién es el Dostoyevski político?

¿Podemos preguntarnos, lógicamente, cómo se habría desarrollado la vida del joven socialista utópico si no hubiese sido detenido por ser miembro del círculo Petrashevski, si no lo hubiesen puesto ante el pelotón de ejecución y luego no lo hubiesen enviado al campo de trabajos forzados? ¿Qué habría pasado si no se hubiese visto obligado por las duras circunstancias de su vida a cambiar de ideas para decir "ojalá alguna vez recordemos... nuestra juventud y nuestras esperanzas, que en este momento saco de mi corazón con sangre y las entierro?"[182]. Sin embargo, por interesante que sea esa pregunta, nada cambia en relación con los hechos reales de su vida. Ninguna vida, ninguna obra contribuye a juzgarlo con preguntas hipotéticas. Y aunque Dostoyevski murió en el apogeo de sus facultades intelectuales, aunque su última novela, *Los hermanos Karamázov*, es la más perfecta en términos literarios y tal vez allanaba el camino para creaciones aún más importantes, hay que atenerse a la obra –extensa por otra parte– que alcanzó a producir.

Para volver a centrarnos en la cuestión que nos ha ocupado en este libro, ¿cuál es, en última instancia, la respuesta a la pregunta '¿quién es el Dostoyevski político'?

En primer lugar, hay que señalar que Dostoyevski no fue un escritor épico, como, por ejemplo, lo fue Tolstói, sino que fue un escritor trágico. Por consiguiente, como casi siempre ocurre en sus grandes obras, también en *Los demonios* el final solo podría ser trágico. Además, hay que tener en cuenta que quizás sería injusto solicitar o buscar respuestas del Dostoyevski artista. De hecho dio sus propias respuestas como *periodista*, en su mayo-

---

182. GROSSMAN 2010: 214.

ría equivocadas y conservadoras. De hecho como periodista ofreció una pálida contrapropuesta a una realidad galopante: la vuelta a las raíces, la elevación del 'pueblo ruso sencillo' a ideal supremo, la invención de un 'Cristo ruso', eran elaboraciones intelectuales y, en cierto sentido, a pesar de que tenían un signo ideológico opuesto, no distan mucho de las ilusiones del personaje de *Memorias del subsuelo*, que tanto ridiculizó Dostoyevski, independientemente de que mirase o no al pasado en busca de respuestas en lugar de mirar al futuro, como sucede en *Memorias del subsuelo*.

Pero como gran novelista –y no lo olvidemos, pasó a la historia como tal, no como periodista– le bastó con hacer preguntas vitales, y eso es lo que tenía que hacer. Víktor Shklovski ha señalado acertadamente: "Así murió Dostoyevski, sin decidir nada, evitando desenlaces y sin hacer las paces con la pared"[183]. Pero como estamos hablando de un literato, lo importante es, como dice Bajtín, "que si Dostoyevski murió 'sin decir nada' entre los problemas ideológicos planteados por la época, murió sin embargo dejando una nueva forma de visión artística que es la novela polifónica"[184]. Esta observación trae de vuelta a nuestro estudio la distinción crucial que tomamos prestada de Bajtín, entre 'Dostoyevski' y 'Dostoyevskismo'. La respuesta a qué es el 'Dostoyevski político' es fácil, pero en ningún caso se identifica con la respuesta que hay que dar a la pregunta de quién es el 'Dostoyevski político'. Si los lectores siguen el hilo del 'dostoyevskismo' para interpretar su obra, es decir, las opiniones del propio Fiódor Mijáilovich Dostoyevski, obtendrán la imagen incompleta de un exrevolucionario que renunció a sus viejas ideas y se convirtió en una persona

---

183. *Apud* BAJTÍN 2005: 64.
184. BAJTÍN 2005: 65.

conservadora en el momento en que en las entrañas de Rusia bullían fuerzas revolucionarias prometedoras. De esa manera arrinconarán "la pluralidad de conciencias representada por el escritor en el marco sistemático y monológico"[185] y no lograrán adaptarla a la medida de sus propias convicciones.

Por el contrario, si se sigue el hilo de 'Dostoyevski' y no el del 'dostoyevskismo', se comprenderá que en su creación artística no es un predicador de sus propias ideas, sino que en las novelas de ideas que escribió –atormentado él mismo por ideas y virajes diversos– reprodujo de manera prodigiosa todas las preguntas clave y los envites de la época en que vivió con una profundidad psicológica insuperable. De esa manera, no solo es un artista enorme, sino también un guía excelente para comprender la época en la que vivió y más. En definitiva, su valor radica en la honda comprensión e *interpretación* del mundo que nos rodea; *cambiar* este mundo no es tarea de los novelistas...

---

185. BAJTÍN 2005: 19.

Bibliografía

Obras de Dostoyevski

Dostoievski, F. (1953), *Memorias del subsuelo*, trad. R. Cansinos Assens, Aguilar.

Dostoievski, F., (2016), *Los demonios*, trad. F. Otero, Alba.

Dostoievski F. (2021), *Diario de un escritor*, trad. E. Beaumont, E. Bulátova y L. Rabdanó, Páginas de Espuma.

Dostoievski, F. (2011), *Los hermanos Karamázov*, trad. A. Vidal, Cátedra.

VV.AA., (1997), *Rusia y Occidente*, trad. O. Novikova y J. C. Lechado, Tecnos.

Bibliografía general

Alexandrópulos, M. (1992), *Δαίμονες και Δαιμονισμένοι. Επιστροφές στον Ντοστογιέφσκι* [Demonios y endemoniados. Regreso a Dostoyevski], Δελφίνι.

 (1989), *Ένας άνθρωπος μια εποχή. Ο Αλέξανδρος Γκέρτσεν* [Un hombre, una época. Alexandr Herzen], Γνώση.

(1984), *Ο μεγάλος αμαρτωλός. Ο Ντοστογιέφσκι και τα ιερά του τέρατα* [El gran pecador. Dostoyevski y sus monstruos sagrados], Κέδρος.

Alexandru, A. (2012), *Ο δραματουργός Ντοστογιέφσκι* [El Dostoyevski dramaturgo], Γκοβόστη.

Bajtín, M. (2005), *Problemas de la poética de Dostoievski*, trad. T. Bubnova, FCE.

(2016), *Ο Ραμπελαί και ο κόσμος του* [Rabelais y su mundo], trad. Y. Pinaculas, Πανεπιστημιακές εκδόσεις Κρήτης,.

(2014), *Το πρόβλημα των ειδών του λόγου* [El problema de los géneros discursivos], trad. V. Alexíu, M. Dafermos, Futura,.

Bakunin, M. (2006), *Φιλοσοφία, θρησκεία, ηθική* [Filosofía, religión, moral], ed.. G. P. Maximoff, trad. S. Saricas,, Πανοπτικόν.

(2007), *Κριτική της υπάρχουσας κοινωνίας* [Crítica de la sociedad actual], ed. G. P. Maximoff, trad.. S. Saricas, Πανοπτικόν.

(2017), *Το σύστημα του αναρχισμού* [El sistema del anarquismo], ed.. G. P. Maximoff, trad. S. Saricas, Πανοπτικόν.

(2018), *Η κοινωνική επανάσταση* [La revolución social], ed. G.P. Maximoff, trad.. S. Saricas, Πανοπτικόν.

Bakunin, M., Necháyev, S. (2004), *Η κατήχηση του επαναστάτη – Απάντηση στον Νετσάγιεφ*, trad. S. Saricas, Panopticón.

(2021), *Οι απαρχές της επανάστασης*, trad. P. Calamarás, V. S. Papadópulos, suplemento Φιόντορ Ντοστογιέφσκι, Πανοπτικόν,.

Belinski, V. (1958), *Εκλογή από το έργο του* [Obra selecta], trad.. Y. Vrijópulos, Δίφρος.

(1970), *Ανάλεκτα*, trad.. L. Yeoryíu, M. Yeoryíu-Coronéu, Κάλβος.

(1988), *Θεωρητικά κείμενα λογοτεχνίας* [Textos teóricos de literatura], Gutenberg, 1988.

(2010), *Carta a Gógol*, https://eslavasuba.blogspot.com/2010/04/visarion-bielinski-carta-gogol.html, 18-04-2010.

Benjamin, W. (2013), *Για το έργο τέχνης. Τρία δοκίμια* [Sobre la obra de arte. Tres ensayos], trad. A. Iconomu, Πλέθρον.

Berdáyev, N., (1939), *Las fuentes y el sentido del comunismo ruso*, Losada.

Berkman ,A. (2013), *El mito bochevique*, La Malatesta.

Braun, M. (2005), *Dostojewskij: das Gesamtwerk als Vielfalt und Einheit*, Vandenhoeck & Ruprecht.

Bulgákov, S. (2019), *Η ρωσική τραγωδία. Για τους Δαίμονες του Ντοστογιέφσκι* [La tragedia rusa. Sobre *Los demonios* de Dostoyevski], trad.. D. V. Triandafilidis, Samizdat, 2019.

Camus, A. (1971), *Ο επαναστατημένος άνθρωπος* [El hombre rebelde], trad. T. Tsakíri, Μπουκουμάνης.

Casantsakis, N. (1965), *Ιστορία της ρωσικής λογοτεχνίας* [Historia de la literatura rusa], ed. E. Casantsaki.

Chernishévski, N. (2019), *¿Qué hacer?*, trad. A. Serraller Calvo, Akal.

Confino, M. (1973), *Violence dans la violence. Le débat Bakounine-Necaev*, Maspero.

Coseri, R. (1987), «Η θλίψη των Δαιμονισμένων» [La aflicción de *Los demonios*], *Σημειώσεις* 29.

Cutsu, T. M. (1999), *Ο άρχοντας της Πετρούπολης* [El gobernante de San Petersburgo], trad. Y Tsakniás, Νεφέλη.

Despiniadis, C. (2021), *Prometeo contra Leviatán. Teorías sobre el Estado. Del liberalismo al anarquismo*, trad. J. Merino, FAL Aranjuez-Cuadernos de Contrahistoria.

(2019), «Ρούντιν. Ο Μπακούνιν του Τουργκένιεφ» [Rudin. El Bakunin de Turguénev], *Πανοπτικόν* 24.

Dodd, W. J. (1992), *Kafka & Dostoyevsky. The Shaping of Influence*, Palgrave Macmillan.

Dostoiévskaia, A. G. (2021), *Dostoievski, mi marido*, trad. C. Manzoni, Espinas.

Foldenyi, L. (2006), *Dostoyevski lee a Hegel en Siberia y rompe a llorar*, trad. A. Kovacsics Meszaros, Galaxia Gutemberg.

Girard,R. (1999), *Mensonge romantique et vérité romanesque*, Hachette.

Goodwin J. (2010), *Confronting Dostoevsky's Demons. Anarchism and the Specter of Bakunin in the Twentieth-Century Russia*, Peter Lang.

Grossman, l. (2010), *Φιόντορ Μιχαήλοβιτς Ντοστογιέφσκι. Βιογραφία* [Fiódor Mijáilovich Dostoyevski. Biografía], trad. D B. Triandafilidis, Supl. D. Samotraki, Αρμός.

Herzen, A. (1970), *Ανάλεκτα*, trad. L. Yeoryíu, M. Yeoryíu-Coronéu, Κάλβος, 1970.

Kropotkin, P. (2005), «Σχετικά με τον μηδενισμό και το μυθιστόρημα Πατέρες και γιοι» [Sobre nihilismo y *Padres e hijos]*, trad. C. Despiniadis, *Πανοπτικόν* 8, págs. 3-10.

(2017). *La literatura rusa. Los ideales y la realidad*, trad. A. Villalba, La Linterna Sorda.

Landauer, G. (2000), *Το μήνυμα του Τιτανικού* [El mensaje del Titanic], trad. Y. Carapapás, Τροπή.

Lérmontov, M. (2007), *Un héroe de nuestro tiempo*, trad. L. Abollado, Nórdica.

Loundsbery A. (2007), «Dostoevkii's Geography: Centers, Peripheries, and Networks in "Demons"», *Slavic Review* 66, 211-229.

Löwenthal, L. (1990), *Για μια κριτική θεωρία της λογοτεχνίας* [Hacia una teoría de la literatura], trad. A. Siras, Ρόπτρον.

Löwy M.–Sayre R. (2008), *Rebelión y melancolía*, trad. G. Montes, Nueva Visión.

(1991), *Figuras del romanticismo anti-capitalista*, Etcétera.

Lukacs, G. (2016), Teoría de la novela, Debolsillo.

Macraki, M. (1994), *Ο Ντοστογιέφσκι και η επανάσταση των νέων* [Dostoyevski y la revolución de los jóvenes], Imago.

Macrí, S. (2018), *Η πρόσληψη του Ντοστογιέφσκι στην Ελλάδα (1886-1940)* [La recepción de Dostoyevski en Grecia] (tesis doctoral inédita).

Merjkowski, D. (2005) *Ο προφήτης της ρωσικής επανάστασης* [El profeta de la Revolución Rusa], trad.. S. Protópapa, Γκοβόστης.

Mirsky D.M. (1977), *Ιστορία της ρωσικής λογοτεχνίας* [Historia de la Revolución Rusa], trad. Y. Rali–K. Jatsidimu, Ερμής.

Nabókov, V., *Curso de literatura rusa*, trad. M.L. Balseiro, B de Bolsillo, 2009.

Negri, A.-M. Hardt, M. (2004), *Multitud: guerra y democracia en la era del Imperio* trad. J. A. Bravo, Debate.

Papayoryis, C. (1990), *Ντοστογιέφσκι* [Dostoyevski], Καστανιώτη.

Pushkin, A. (2005), *Eugenio Oneguin*, trad. M. Chílikov, Cátedra.

(2015), *La hija del capitán*, trad. R. San Vicente, Alianza Editorial.

éstov, L. (2010), *Λέων Τολστόι. Αυτός που γκρεμίζει και χρίζει κόσμους* [León Tolstói. El que derrumba y unge mundos], trad. N. Papaspíru, Ροές.

(2005), *Στους αντίποδες του ορθολογισμού* [En los antípodas del racionalismo], trad. M. Papadopulu, Ροές.

(2013), *Φιόντορ Ντοστογιέφσκι. Αγώνας ενάντια στις αυταπόδεικτες αλήθειες* [Fiódor Dostoyevski. Lucha contra las verdades evidentes], Trad. N. Papaspiru, Ροές.

Steiner, G., (2002), *Tolstói o Dostoyevski* (trad. A. Bartra), Siruela.

Stepenberg, M. (2019), *Against Nihilism. Nietzsche Meets Dostoevsky*, Black Rose Books.

Tersakis, F., *Τροχιές του αισθητικού* [Recorridos de estética], Futura, 2007.

Turguénev, I. (2003), *Humo*, trad. V. Gallego, Alba.

(2018), *Padres e hijos*, trad. V. Andresco, Rialp.

(2008), *Hamlet y don Quijote*, Sequitur, 2004.

(2014), Rudin, trad. J. García Gabaldón, Alba,.

(1992), *Suelo virgen*, trad. M. de Seabra, Cátedra.

VV.AA. (1981), Ντοστογιέφσκι. *Εκατό χρόνια από το θάνατό του* [Dostoyevski. Centenario de su muerte], Ευθύνη.

VV.AA. (1972), *Ρωσικά θέματα* [Temas rusos], μτφρ. Ευάγγελος Γεωργίου, εκδόσεις Γεωργίου Ευαγγέλου.

VV.AA. (2019), *Ανθολογία Ρωσικού Διηγήματος* [Antología del relato ruso], trad. Y. Motsios, ΠΕΚ.

Venturi, F. (1975), *El populismo ruso*, trad. E. Benítez, Revista de Occidente.

Zweig, S. (2011), *Tres maestros (Balzac, Dickens, Dostoievski)*, trad. J. Fontcuberta, El Acantilado.

Índice